中国考古学のてびき

飯島武次

同成社

まえがき

中国・日本を含む東アジアの諸地域は、地理・人種・言語・宗教・生業などさまざまな点において多様性をもつが、水稲栽培・養豚・儒教・仏教・都城制・漢字など共通の文化によって結ばれてもいる。水稲栽培や鉄器生産はじめ諸文化の中国からの伝播とその影響は、日本文化を考えるうえで無視することはできないだろう。中国文化は日本の歴史にとってまさしく大きな存在であり、中国文化が残した遺跡・遺物を学ぶことは、中国を知るだけでなく日本を知ることにもつながるのである。

20年ほど以前、私のいた大学でもかなりの数の学生が中国考古学をテーマに卒論を書いていたし、中国語の学習も盛んであった。学生たちの気持ちのなかに、隣りの大国中国と付き合っていくうえで、また日本を知るうえで中国の歴史を学ぶ必要があるとの思いがあったためだろう。だが、10年ほど前から中国考古学や中国史を学ぶ学生は激減し、中国考古学はエジプトや西アジア、中南米などを包括する「外国考古学」の一部とならざるをえなかった。そのような変化は学生のみならず一般読者にも共通するものであろう。

そうしたなかで、もう一度中国学への一般的関心を高めたいとの思いが私のなかに芽生え、その思いが学生ばかりでなく中国の考古学に初めて接する人たちのために簡潔かつ平易な入門書に筆を執ることを決意させた。本書は、そうした思いの結実といえる。したがって考古学全般を専攻する学生諸君はもとより、歴史学全般を専攻する学生諸君や中国考古学に興味のある一般の読者にも手にとってもらえるよう考えて筆を進めた。それゆえ、頁数を抑える必要から夏王朝・殷王朝以降の中国王朝時代の考古学を中心に記述することとし、研究史ははぶき、旧石器時代と新石器時代は「中国の石器時代」として簡略にまとめた。また、冒頭に「中国の考古学を学ぶために頭に入れておきたいこと」としていわば中国考古学の舞台となった、人文地理、歴史の概略、考古学的な文明史の流れ、を記した。さらに中国に特有の難解な諸器物の名称については巻末に解説を付すこととした。必要に応じて見ていただければと思う。

本書がより多くの読者の目に触れて、中国考古学への関心が少しでも喚起されることを、心より願うものである。

なお、一般読者を対象にするとの本書の編集方針から、煩雑になるのを避けて、研究書であれば当然本文に記さるべき引用出典文献を、図の引用を除いて明記しなかった。本文中の出典文献について詳しく知りたい方は拙著『中国考古学概論』（同成社刊、2003年）を参照していただければと思う。また、本書に掲載した図・表は、特に引用文献が明記されていないものは私の作製になるものであり、また写真も図23・79・80以外のものは私の撮影によるものであることをお断りしておく。

目　　次

中国考古学のてびき

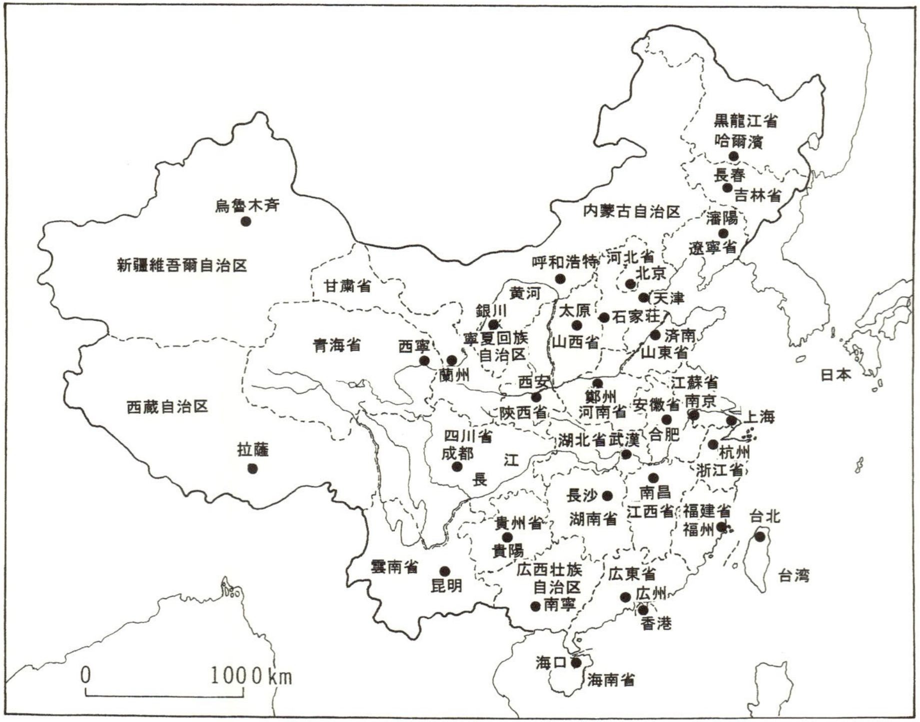

黒龍江省
哈爾濱
長春
吉林省
瀋陽
遼寧省
内蒙古自治区
烏魯木斉
新疆維吾爾自治区
甘粛省
青海省
西寧
蘭州
銀川
寧夏回族
自治区
黄河
呼和浩特
河北省
北京
天津
太原
石家荘
山西省
済南
山東省
西安
陝西省
鄭州
河南省
江蘇省
南京
安徽省
上海
合肥
湖北省
武漢
杭州
浙江省
西蔵自治区
拉薩
四川省
成都
江
長
長沙
湖南省
南昌
江西省
福建省
福州
台北
台湾
日本
貴州省
貴陽
雲南省
昆明
広西壮族
自治区
南寧
広東省
広州
香港
海口
海南省
0
1000km

図1　現代中国全図

序　章

中国の考古学を学ぶにために
頭に入れておきたいこと

本書をひもとくにあたって、歴史や文化の舞台となった中国の人文地理的知識、本書の対象となる旧石器時代から唐末までの歴史のあらすじ、考古学からみた文明史の流れ、などについて一通り記しておきたい。本文を読みすすむなかでこの頁を振り返っていただければと思う。

第１節　中国の人文地理

国名と国土の概要

「中国」の正式国名は「中華人民共和国」である。中華人民共和国が成立したのは、1949 年 10 月で、国家成立後 65 年以上が経過している。国の総面積は 9,590,000km^2（台湾含む）で、この面積は広さにおいて世界第３位にあたる。人口は、2012 年の資料によると 13 億 4,735 万人で、世界第１位の人口である。

中国の範囲は、緯度のうえで北は黒龍江省漠河県烏蘇里村付近の北緯約 53 度を北限とし、南は中国政府の主張では南シナ海の北緯４度付近を南端とし、大陸部ではミャンマー・ラオスとの国境付近を南限としている。また西は新疆維吾爾自治区喀什《カシュガル》市の西約 200km の東経約 73 度を西限とし、東は黒龍江と烏蘇里《ウスリー》江の合流点付近の東経約 135 度を東限としている。つまり中国の大きさは、大陸部において南北約 4,000km、東西約5,000kmの範囲ということになる（図1）。

各地域の風土と気候

この広大な大陸の中央には、青海省に源を発し西から東に流れる全長5,464kmの黄河と、同じく青海省に源を発して西から東に流れる全長6,380kmの長江がある。さらに北にはロシアとの国境を流れる黒龍江があり、黄河と長江の間には淮河があり、長江のはるか南には西河（紅水江）があり、いずれも西に水源をもち東の海に向かって流れ出ている。

黄河と長江の間には、秦嶺山脈が存在し、西は昆侖山脈に連なり、東は淮陽丘陵に連なって中国の大地を南北に分けているが、これを秦嶺・淮河線と呼ぶことがある。秦嶺・淮河線以北は、高原や大平原が多く、気候は比較的寒冷で乾燥し、秦嶺・淮河線以南では、気候は比較的温暖、多雨、湿潤である。

黄河中流域の黄土高原には厚さにして平均100m以上の黄土堆積があり、厚い地域では200mから400mもあるといわれている。河南省から山西省・陝西省にかけての黄土高原では何本もの溝と呼ばれる谷が台地を切り込み、黄土台地を形造っている。この地域は早くから文明の出現した地域で、有名な仰韶遺跡は、仰韶溝と呼ばれる谷に臨む階段状の黄土台地上に位置している（図2）。黄土高原は乾燥しているため、潅漑が重要で、小麦・粟・玉蜀黍、その他の雑穀の栽培が盛んである。

秦嶺・淮河線以南、南嶺線の北側の長江中流・下流域は、大平野を形成し、長江から延びる大小の水路によって水上交通の発達した地域である。長江の流域は、稲栽培が盛んで、世界的にみても早くから水稲栽培の出現したした地域である。

中国の北辺は黒龍江とその上流の額爾古納《アルグン》河をロシアとの国境とし、黒龍江省の北辺には興安嶺山脈の森林地帯と草原地帯が広がり、冬は長く冬季は氷雪地帯である。長城線の北側、興安嶺線の西は、海抜2,000

図2　仰韶遺跡のある黄土台地　河南省澠池県仰韶溝

～1,000m の蒙古高原で陰山山脈の北には大草原と砂漠が広がり、羊や馬の遊牧が行われる。

大陸内部の最南端は、雲南省西双版納《シーサンパンナ》のラオスとの国境の北緯約21度付近で、ここは亜熱帯から熱帯に属する。この付近の山岳地帯には椰子の木が茂り、低地には水田が広がる。

西部は乾燥地帯である。新疆維吾爾《ウイグル》自治区の中央には天山山脈が東西に延び、新疆維吾爾自治区の南辺にそって昆侖山脈が延び、この2つの山脈に挟まれた広大な地域が塔里木《タリム》盆地で、そこには塔克拉瑪干《タクラマカン》砂漠が広がる。昆侖山脈の東側端は青海高原に連なり、その南側は西蔵《チベット》高原が広がり、西南辺縁にはヒマラヤ山脈が連なる。青海高原・西蔵高原は海抜3,000m から5,000m の高地を形成している。

この広い中国の気候を一口で説明するのは困難であるが、北京の平均気温は1月が－4.7度、7月が26.1度で、哈爾濱《ハルピン》の平均気温は1月が－20.1度、7月が23.3度で、広州の平均気温は1月が13.6度、7月が28.8度である。中国は、南東部の一部を除ききわめて乾燥している。東京の降雨量は年平均1,503mmほどであるが、北京の降雨量は年平均で683mmで、乾燥地帯の新疆維吾爾自治区烏魯木斉《ウルムチ》市の年平均降雨量は292mm、新疆維吾爾自治区哈密《ハミ》市の年平均降雨量は33mmである。

行政的地割りと民族構成

中国は、4つの直轄市、23の省、5つの自治区、2つの特別行政区の行政単位に分けられている。4直轄市は北京市・天津市・上海市・重慶市、5自治区は内蒙古自治区・広西壮《チワン》族自治区・西蔵自治区・寧夏回族自治区・新疆維吾爾自治区、そして2特別行政区は香港と澳門《アモイ》である。

中国は多民族国家で、公式には56民族からなるという。最多の人口を有するのは漢族で、2010年の数値で12億2,593万人を越えていると想定される。そのほか比較的人口の多いのは、壮族が約1,618万人、満族が約1,068万人、回族が約982万人、維吾爾族が約840万人、西蔵族が約542万人、蒙古族が約581万人、朝鮮族が約192万人である。また漢語・ウイグル語・チベット語・蒙古語など多数の言語が用いられるが、中国全人口の94%が漢語を使用し、漢語が共通語になっている。

第2節　歴史のあらすじ

石器時代

考古学的に石器時代とは利器（刃物）として石器を用いた時代で、もっぱら打製石器を用いていた旧石器時代と、磨製石器が使用された新石器時代に分けられている。中国においては、旧石器時代はおおよそ250万年前から1万1千年以前で、新石器時代の開始時期はおよそ前

9000年頃と推定され、終了する時期は前1750年頃と推定されている。

夏王朝時代

河南省偃師市の二里頭遺跡を発掘調査した結果、新石器時代の龍山文化と殷代の文化である二里岡文化に挟まれた、二里頭文化と呼ぶべき文化の存在することが明らかとなった。二里頭文化は前18世紀の中頃から始まり、黄河中流域ではその頃から青銅器時代に入るが、私は青銅器時代に入ったこの時代を、中国の最初の王朝である夏王朝の時代と考えている。二里頭文化遺跡の主要な分布地域は、河南省洛陽盆地を中心に、黄河中流域の洛河・伊河・潁河・汾河・涑水河流域に広がり、これが夏王朝の領域でもある。

殷王朝時代

前漢の司馬遷が記述した『史記』などに記述された殷王朝の歴史は、かつては建国伝説の一部と考えられたこともあったが、今日では殷王朝の実在は疑うことのできない歴史的事実となっている。『史記』の殷本紀には歴代の殷王の名前が記され、「殷墟」「商墟」といった地名も出てくる。清代末の考証学者の羅振玉は、殷代の同時代史料である甲骨文に『史記』に記述された同じ王名が多数刻まれていることを明らかにし、『史記』にある王名の誤りを正したが、その後、董作賓らの研究によって、甲骨文の殷王名から考えられた殷王室の系図と『史記』の記述から組み立てた殷王室の系図は一致し、このことによって『史記』に記され殷王室が実在したことが実証された。また、『史記』に記述された「殷墟」の地が洹河の南岸の今日の殷墟遺跡の地を示していることも明らかで、甲骨文にみられる「商」「大邑商」「天邑商」の都市名が殷墟を示していることも確かである。

西周時代（周代のうち西安市西南の鎬京に都が置かれた時代）

王朝としての西周は、第1代の武王が殷王朝最後の王の紂を牧野に破り、都を今の西安市南西の鎬京に置いた時から始まる。その年は前1046年とも前1027年ともいわれ確定していないが、前11世紀の終わりごろと推定してまちがいないだろう。西周時代の終わりに関しては、一般的に『史記』周本紀の記述から第12代の幽王が犬戎によって驪山の麓で殺された前771年に当てられ、これ以降が東周時代となる。

春秋戦国時代（東周時代）

犬戎の鎬京への侵入によって西周の幽王が驪山の麓で殺され、息子の周平王が前770年に東の雒邑王城に遷都し、以後、秦による中国統一の前221年までを東周時代と呼んでいる。東周時代前半の春秋時代には周室のほか秦・晋・齊・楚・魯・衛・燕・曹・宋・陳・蔡・鄭・呉・越などの多くの諸侯が存在し、東周時代後半の戦国時代には秦・韓・魏・趙・燕・齊・楚などの国が覇権を争った。春秋時代初頭には製鉄が開始されたが、戦国時代に入ると鉄製遺物も増加する。この時代は青銅の使用に加えて鉄の使用が加わり、生産経済が大きな転換期を迎えている。

秦漢帝国時代

秦漢時代に入ると統一国家・古代中央集権国家の時代に入る。秦始皇帝は、前221年に中国を統一し、郡県制を全国に施行した。貨幣・度量衡・法律・文字などの統一をはかり統一政策をおしすすめ、焚書・坑儒による思想統一も図った。統一秦は僅か15年間で滅び、高祖劉邦が前202年に前漢王朝をたて、都を長安に定め、郡国制を採用した。武帝の時代、拡大政策をとり、漢の領域は巨大になり、西域に勢力をひろげ、東北では楽浪郡などの4郡を置いた。しかし、やがて外戚の王莽が力をのばし、漢は断絶する。西暦25年に劉秀が漢を再びおこし後漢時代に入る。しかし、2世紀末に黄巾の乱がおこり、まもなく後漢は滅びる。

魏晋南北朝時代

220年に後漢が滅んで589年に隋が天下を統一するまでの360余年あ

まりの時代である。この時代はさらに三国時代（魏・呉・蜀が定立した時代）、西晋の統一時代、東晋・五胡十六国時代、南北朝時代（華北に北魏、東魏・北斉と西魏・北周が対立し、江南に宋・齊・梁・陳が交替した時代）に分かれる動乱の時代であるが、多民族が混じり合い、文化が多様化する。この頃から日本の中国への朝貢外交が開始された。

隋唐時代

589年に隋が南朝の陳を倒して中国を統一し、618年に唐が建ち907年に滅びるまでの約300年間は、文化・政治・経済が高揚した時代である。その時代の都は今の西安市で、隋は大興城と呼び、唐は長安城と呼んだ。隋は科挙制度を取り入れ中央集権化を図ったが、統一後約30年間で滅んだ。唐は隋の制度を受け継ぎ、律・令・格・式の法制にもとづく律令国家を作り上げた。玄奘や義浄がインドから仏典を持ち帰り、日本から渡った空海や最澄が唐で仏教を学んだ。空海が学んだ長安は諸外国の朝貢使節や留学生が集まり、東アジア文化圏の中心となっていた。

第3節　考古学からみた中華文明史の流れ

中国の領域では、約250万年以前に人類が発祥した。人類の歴史の大半を占める長い旧石器時代が前9000年頃に終わり、磨製石器を使用し、穀物栽培を行い、土器を用いる新石器時代に入る。新石器時代の指標である磨製石器の使用以上に、穀物栽培農耕の開始が、人類社会に大きな変化を与えたことは疑いない。また土器の使用が穀類の煮沸を可能にし、人類の健康とその後の発展に大きな利点となったことも事実である。

中国の新石器文化は、黄河流域と長江流域でその内容が若干異った。黄河流域では粟栽培の農耕を主体とし、長江流域では水稲栽培が主体であった。中華文明の源流あるいは淵源をたどると、それは黄河や長江の流域に出現した穀物栽培の農耕文化にあるとみることができる。新石器時代前期後半には、農耕技術水準の比較的高い穀物栽培が行われ、広い地域で豚の飼育も行われた。中国の新石器文化の年代に関しては、C14年代測定法・樹輪校正年代・擬合年代の導入によってより確かな年代が判明してきている。その結果、新石器時代の開始は、前9000年頃、龍山文化の下限、つまり新石器時代の終了時期は前1800～前1750年頃と考えられるようになっている。

中国の古代国家成立期の歴史は、中原の出現期青銅器文化を夏王朝に重ねることによって合理的に解釈される。龍山文化が終了し、前1750年頃青銅器を刃物として用いる青銅器時代に入ると、版築*によって築かれた城壁や大型建築物を伴う都市が出現し、文明段階に入る。夏王朝時代の開始である。高度に発展した中国の青銅器鋳造技術は、夏殷周時代に成立した中国文明のひとつの特色ともなっていく。

やがて殷代に入ると、都市の出現や青銅器使用開始に遅れて、甲骨文と呼ばれる文字が使用されるようになる。甲骨文は、占いの記録と推定されるが、文章を構成している文字である。甲骨文字は、金文・篆書・隷書へと発展変化していく。

西周時代には、青銅器と文字が禮器と金文として成熟期を迎える。西周青銅器の多くは、副葬品として墓に納められているが、祭祀と関係があると考えられる周原付近の窖蔵《こうぞう》（一種の貯蔵穴あるいは祭祀坑でここから出土した青銅器を窖蔵青銅器と呼ぶ）からは、多数の青銅器が発見されている。一部の青銅器には銘文が存在し、盂鼎（285文字）・史墻盤（284文字）・毛公鼎（479文字）など長文の銘文が記された容器が存

＊版築（はんちく）とは、建築基壇・城壁・墳丘などを泥で築造するとき必要に応じて木枠を組み、その中に泥を一層一層入れ、突き棒で突き固め、最後に木枠を外す建築工法のこと。

在する*。陝西省宝鶏市で発見され宝鶏青銅器博物館に収蔵されている「何尊」（図 27 の 5）の銘文中には、「宅茲中國（この中国に宅ずる）」とあり「中國」の単語がみられるが、成王の頃の文章である。これは畿内（国の中心）の意味であるが、中華に通じる意味もある。『尚書』梓材に「皇帝既付中國民越厥疆度土于先王（皇帝既に中国の民とその疆土とを先王に付す）」とあり、皇帝は中国の人民とその土地を先王に与えた、と解釈されている。また『詩經』大雅・民勞には「惠此中國（此の中国を恵しみて）」とあり、この京師つまり都の民を慈しみ、と解釈されている。古典文献に「中國」がみられるようになるのは周代と考えられ、その周代の思想が後の東アジアの文化に与えた影響は大きい。

人工的な鉄の出現は西周末・春秋初頭で、錬鉄浸炭法を用いて鍛造した鉄製品であった。春秋時代後期には鉄の製錬技術が確立し、まもなく鋼鉄製品や銑鉄による鋳造も開始される。戦国時代中・後期に属する鉄製遺物を出土する範囲は、齊・燕・秦・韓・趙・魏・楚国などの領域に及び、生産工具・武器・生活用具にいたるまで鉄で作られるようになっている。

秦漢帝国の出現によって、都市国家に根ざしていた中国古代文明が終了し、古代中央集権国家の新しい時代に入った。秦始皇帝は都の咸陽城の大幅な修復を行い、匈奴に対して戦国時代以来の長城を繋ぎ、直道（北へ向かう軍用道路）を建設した。また自らの陵墓を造営し、始皇陵・兵馬俑坑などの遺跡を残している。秦漢帝国による中国の統一支配が可能であった背後には、鉄生産の独占があったと考えられる。特に前漢の鉄生産技術は鍛造のほか鋳造において優れた技術を有していたことが知られ、後漢時代に入ると、鉄器の使用が中国全土に広がり、やがて東ア

＊青銅容器の名称については巻末の用語解説を参照。盂・史墻・毛公は器を作った一族あるいは作器者の名である。

ジア全体に鉄生産技術が伝播していった。

始皇帝の篆書への文字の統一は、漢の隷書をへて今日用いられている漢字へ繋がっている。始皇帝以降の文字は国家統治のための行政・法律・思想・記録を中心に用いられている。漢代には紙が出現し、そのことによって文字の使用が普遍化し、歴史記録や文学にも用いられ、やがて中国の漢字遺物（漢字が鋳造されている漢式鏡・貨幣・印章など）が東アジアに拡大していった。中国で出現した漢字は、中国のみならず言語の異なる朝鮮・日本・ベトナムなどでも知られるようになり、やがて中華文明拡大の共通の道具となっていく。

三国時代の後、晋が国を統一したが、4世紀初めに南北分裂の時代を迎えた。都城址としては、漢魏洛陽城や魏の鄴城、呉・東晋・南朝の建業（建康）が残っている。都市や古墳の造営、鉄生産や陶磁器生産技術、儒教思想や仏教思想に伴う文物の伝播を通して中華文明が、東アジアへ拡大していった時代でもある。この頃、日本に漢字が伝わり、鉄刀や鉄剣に金銀象嵌の漢字が存在する。

唐は、当時の世界最大の都市であった長安城を遺跡として残した。長安城の興化坊址から出土したペルシャ銀貨・東ローマ金貨・銀製和同開珎などは、長安が国際都市であったことを示している。また、唐代皇帝の権力を示す乾陵などの山陵は世界的に見てもきわめて規模の大きい墳墓である。長安城遺跡には、遣唐使を通じて日本とも関係のある含元殿や麟徳殿の遺構が残り、その唐の都城制・手工業技術・仏教・文学などが東アジアへ伝播し、渤海国や日本において学習され採用もされた。隋唐の大興城や長安城の都市造営技術は、渤海の上京龍泉府や日本の平城京・平安京の造営に大きな影響をもたらしている。

第１章
中国の石器時代

第１節　旧石器時代

東アジアの人類の歴史を250万年と仮定すると、旧石器時代はその大部分の249万年間を占めることになる。新石器時代・青銅器時代・鉄器時代を合わせても１万年から１万２千年ほどの歴史にすぎない。東アジア人類の歴史の99.9％以上が打製石器の歴史なのである。その歴史を極論をもってすれば、直接打法の原始的な打製石器から、間接打法・両面加工・押圧剥離の精緻な打製石器への発展であったともいえる。人類が経験した約249万年間の技術変化、知識の増加、歴史的発展は、気の遠くなるほど緩やかな進歩であったといわざるをえないが、この進歩がやがて人類の文明へつながって行くのである。

中国における旧石器時代は、現在のところ前期・中期・後期の３時期に分けて考えられているが、人類学的区分でいえば、前期は猿人・原人[*]の時代、中期は旧人の時代、後期は新人の時代である。この区分はアフ

---

*中国語の「猿人」は日本語の「原人」にたいして用いられるのが一般的である。しかし、ここでは、「猿人」を更新世前期以前の直立二足歩行を開始し、単純な礫器などの打製石器を使った化石人類の名称とする。また「原人」は更新世中期に属する化石人類で、握斧などの比較的発達した打製石斧を用い、言語を話し、火を用いたとされる約70万年から約15万年前の化石人類の名称に用い、その代表例は北京原人である。

リカやヨーロッパの旧石器時代区分におおむね対応している。

1.　旧石器時代前期の文化

旧石器時代前期の年代としては、250万年以前から15万年前という長い期間が考えられている。

巫山人と元謀人

最近の研究では、中国においても約250万年前に直立二足歩行をし、道具を使う人類が出現していたといわれている 。

四川省重慶市巫山県廟宇鎮の龍骨坡遺跡の更新世前期以前に属する堆積層からは、化石人類の歯と下顎骨が発見され、巫山人の名で呼ばれている。猿人から原人への中間型とも考えられ、その年代に関しては、248万年前から180万年前の数字が与えられている。

図3　猿人洞（周口店第1地点）
北京市房山区

雲南省元謀県でも古人類の門歯の化石が発見され、元謀人と呼ばれているが、この歯は直立二足歩行可能な化石人類のものであるといわれている。元謀人の年代は、50～60万年前とする説もあるが、170万年から160万年前とする説が通説である。

巫山人と元謀人の化石人骨の発見は、東アジアで知りうる最古の化石人骨の発見であるが、これらの発見は人類の起源がアフリカのみでなく東アジアにもその可能性があることを示した。陝西省藍田県の陳家窩遺跡や公王嶺遺跡では、更新世中期に属する化石人類骨や石器が発見されているが、公王嶺遺跡出土の石器は直接打法の原始的な製作技法で作られていた。

北京原人

1921 年、スウェーデンの考古学者・アンダーソン（J.Andersson）は北京郊外（現在の北京市房山区）、周口店の老牛溝を調査し、多くの哺乳類動物化石を入手した。これをきっかに 1927 年から「猿人洞（第 1 地点）」と周口店の各地点において考古調査が行われ、1929 年にほぼ完全な北京原人の頭蓋骨が発見された（図 3）。北京原人骨の特色としては、頭蓋が偏平で、眉上隆起がいちじるしく発達し、歯が粗大で、現代人よりも類人猿に近いなどの点が指摘されている。周口店第 1 地点の堆積は、約 70 万年前から約 20 万年前までの長きにわたる文化堆積と考えられ、北京原人の活動はその中の約 30 万年間と推定されている。北京原人が使用した石器は前期と後期に分けられ、前期の石器の主なものは削器と礫器で、後期になると尖頭器と彫刻器がしだいに増加し、北京原人の石器は製作と機能の面で漸次発展を遂げている。灰燼の出土もあり、北京原人による火の使用が推定されている。

2. 旧石器時代中期の文化

旧石器時代中期の年代は 15 万～ 7 万年前頃が考えられている。山西省襄汾県丁村一帯の汾河の両岸において、20 ヶ所以上の旧石器時代中期を代表する遺跡が発見され、丁村文化の名称で呼ばれている。1954 年に丁村の第 100 地点の砂礫層底部から 12・13 歳の子どもの歯の化石が発見され、また 1976 年にも第 100 地点の砂礫層内から 2 歳前後の幼児の右頭頂骨が発見されている。この頭頂骨は北京原人幼児のものより薄く、人類の形態のうえで一定の進化のあとが認められ、旧人段階の化

図４　丁村遺跡出土の石器

石人類に属している。丁村遺跡発見の剥片の多くには使用痕が認められるが、二次加工を加えた剥片石器は少ない。剥片と石器は一般に大型で、打製技術は前の時代よりも進歩している。石器類には単刃の礫器・多刃の礫器・石球・三稜大型尖頭器・鶴嘴形尖頭器・小型尖頭器・削器などがあり、石器の機能の細分化が認められる（図4）。

3. 旧石器時代後期の文化

旧石器時代後期は、７万～１万１千年ないし１万年前と想定されている。旧石器時代後期を代表する遺跡として、かつては北京市房山区の周口店山頂洞遺跡が取り上げられていたが、近年の調査でこの時期に属することが判明した遺跡の数も多い。特に注目される遺跡に山西省泌水県の下川遺跡がある。

山頂洞遺跡

山頂洞遺跡は、第１地点（猿人洞）の南西側上部に存在する石灰岩の洞穴である（図5）。出土した石器類には剥片石器・礫器などがあり、骨角器には骨針・骨管・鹿角棒などがある。骨針は獣骨を磨いて細長くし、骨管は鳥骨を輪切りにして表面を光らせている。

遺物には穿孔と研磨の技術が認められるが、これらの技術はやがて磨製石器製作へ発展する。化石人骨も出土しているが、人骨周囲の赤鉄鉱粉末の散布は埋葬の可能性を示し、精神面における発展を示唆する。この人骨は、新人の部類に入るもので、現在の我々に近い骨格形態をもっている。

下川遺跡

山西省の垣曲県・沁水県・陽城県の一帯で、下川遺跡を代表とする下川文化と呼ばれる文化が発見されている。

下川文化上層の石器には、間接打法で剥離された細石刃を加工した典型的な細石器がある。ほかに、必ずしも典型的な細石器製作技術によって製作されていない小型石器も多数存在し、押圧剥離や直接打法で二次加工がなされている。石器の種類には大型尖頭器・小型尖頭器・石鏃・鋸歯縁石器・石核式石器・彫刻器・各種削器・ナイフ形石器・錐状石

図５　周口店の山頂洞遺跡

核・柱状石核・細石刃・石錛《せきほん》・石皿などがある。下川文化の細石器は、明らかに細石器文化の基本的製作技術と器形を備えていて、形は定型化しており、加工は細かである。

第2節　新石器時代

第四紀完新世（沖積世）に入って出現した新石器文化は、磨製石器の有無のほか、穀物栽培農耕の開始と土器使用の開始が重要な意味をもっている。旧石器時代の人類は、焼く行為で食物を加熱していたが、新石器時代の人類は土器の使用により食物を煮沸することを覚えた。土器の使用は、粟や米などの穀類を粒のまま加熱し、粒食を可能とした。

中国の新石器文化を巨視的にみると、黄河流域およびその周辺における粟栽培文化と、長江流域および長江流域以南の地域における稲栽培文化の２つの文化基盤から成り立っている。

私は、その新石器時代の約7000年強に及ぶ長い時間を、新石器時代前期・中期・後期に分けて考えている。

前期　前9000～前5000年頃で、彩陶が出現する以前の新石器文化。

中期　前5000～前3000年頃で、広く彩陶系の土器が用いられ、黄河流域では仰韶文化が広がる。

後期　前3000～前1750年頃で、この時期の黄河中下流域の文化は龍山文化の名称で呼ばれる。

この新石器時代区分は『新中国的考古発現和研究』（中国社会科学院考古研究所、1984）の時代区分ともおおむね同じであったが、2010年に出版された『中国考古学　新石器時代巻』（同研究所刊）では、新石器時代の時期区分が大きく変わっている。私の時期区分と『中国考古学　新石器時代巻』の時期区分を以下に比較しておく。

<筆者の時期区分>	<『中国考古学』の時期区分>	<代表的遺跡>
新石器時代前期前半	新石器時代早期文化	東胡村・仙人洞
新石器時代前期後半	新石器時代中期文化	裴李崗・彭頭山
新石器時代中期	新石器時代晩期文化	半坡・河姆渡
新石器時代後期	新石器時代末期文化	陶寺・城子崖・良渚

1. 新石器時代前期の文化

新石器時代前期前半は、磨製石器の存在が確認されても、穀物栽培農耕の存在が希薄あるいは不確実で、原始的な少量の土器が使用されていた時代である。

東胡村遺跡

北京市門頭溝区に位置する前期前半の最も古い遺跡のひとつで、樹輪校正年代により前8000年頃と推定されている。新石器時代の最も早い時期に属する土器片・骨角器・人骨が発見されているが、土器は夾砂陶で、紅褐色を呈し、多くは素面で、罐類の残片と推定されている*。この遺跡を残した文化が、農耕を行っていたか否かは不明である。

仙人洞遺跡

長江以南で新石器時代前期に属する遺跡のひとつが江西省万年県のこの遺跡である。打製石器には礫器・削器があり、磨製石器には有孔石器・砥石がみられた。農業活動や家畜飼育の痕を明確に証明

図6　仙人洞洞穴出土の土器

＊土器の器形名称に関しては巻末の用語解説を参照。

する遺物は発見されていない。土器は、夾砂粗紅陶と夾砂灰陶が主体で、器形は丸底の罐があるだけで、内外両面とも縄紋*を施している（図6)。これらの土器を東アジアにおける最古の土器のひとつとみる考えがあるが、その根拠は、仙人洞遺跡上層出土の貝片に対するC14年代測定の値が、前8920 ± 240年の年代を示したことにある。

新石器時代前期後半は、磨製石器と土器の存在が明確で、穀物栽培が行われた彩陶出現以前の文化である。

磁山・裴李崗文化

この時代の黄河流域の文化としては、磁山文化や裴李崗文化と呼ばれる文化がある。

磁山文化の名称の由来となった磁山遺跡は河北省武安市にある。出土した土器は、夾砂褐陶や泥質紅陶が主で、無紋の土器が多いが、浅細縄紋・櫛目紋が施されているものもある。土器器形には、楕円形盂・深腹罐・双耳壺・碗・円底鉢・三足鉢・盤・小杯・靴形五徳がある。石器に

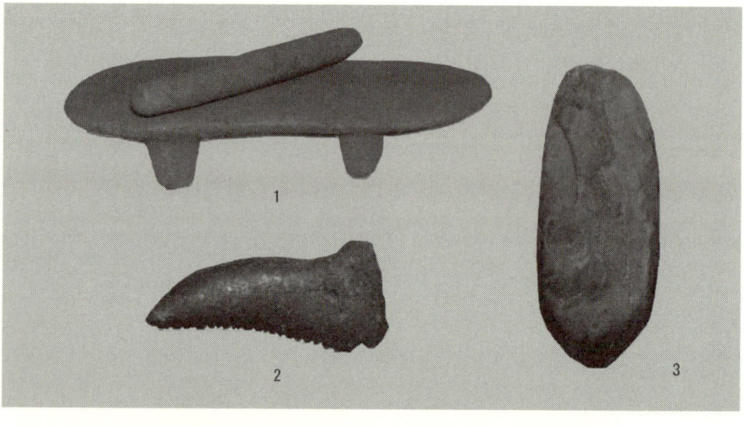

図7　裴李崗遺跡出土の石器　1. 石磨盤・磨棒、2. 鋸歯鎌、3. 鏟

＊土器の紋様の名称に関しては巻末の用語解説を参照。

は、耕具の磨製の石鏟（石製の鋤）、収穫具の石鎌があり、また墓の副葬品として石磨盤と呼ばれる楕円形の石皿や磨棒と呼ばれる磨石が出土している。石磨盤と磨棒は、土器が出現する以前に穀類を粉にし、練って団子や餅を作り、焼くことによって加熱した粉食の名残の道具と推定される。磁山遺跡の灰坑からは粟の堆積や、家畜化した豚・犬などの骨も発見されている。

裴李崗文化の由来となった裴李崗遺跡は、河南省新鄭市にある。出土する石器には、磁山文化と同じ石磨盤・磨棒・石鏟・石鎌がある（図 7)。これらの遺跡の年代は、おおよそ前 6100 ～前 5000 年の間と推定されている。

彭頭山遺跡

長江流域では稲を栽培する農耕文化が早くから存在していたが、確実に稲作農耕が行われていたと推定される最も古い遺跡のひとつが、湖南省澧県にあるこの遺跡である。発見されている稲に関係する資料は出土した土器および焼土塊の中に含入された稲籾である。発掘された遺物としては多くの打製石器、磨製石器、夾砂紅陶・夾砂灰陶の土器などがあった。北京大学で測定した土器中の炭素に対する C14 年代測定の結果は、前 7150 ± 120 年で、また木炭資料は前 5865 ± 100 年であった。

2. 黄河流域の新石器時代中期の文化

仰韶文化

黄河の中流域では、前 5000 年を過ぎた頃に磁山・裴李崗文化の伝統を継承した彩陶文化が出現し、この新石器文化は一般に仰韶文化と呼ばれている。仰韶文化の遺跡分布範囲は、陝西省関中地区、河南省の大部分、山西省の中南部地区、河北省の大部分および甘粛・青海省の境界、およびこの地域の周辺地区に及び、黄河の上・中流域において前 3000

年頃まで遺跡を残している。

仰韶文化を代表する半坡遺跡は、西安市の滻河右岸の台地上にあり、環濠に囲まれた総面積約 50,000m^2 の集落址と共同墓地からなっている。住居址には竪穴住居址と平地住居址があり、それぞれ円形・方形の平面形を有している。墓は成人墓と小人墓に分けられ、成人墓は集落址の北側の共同墓地にあり、小人葬は甕棺葬が主で集落址内にある。

半坡遺跡の出土遺物の多くは土器で、粗質灰褐色で縄紋を施したのが多く、また、彩陶も多い。土器の器形には、鉢・碗・盆・壺・瓶・罐・甕・甑・鼎・器蓋などがあり、彩陶の紋様には、人面紋様のほか魚・動物・W 字紋などがみられる（図 8）。粟は当時の主要食糧作物であったと考えられ、貯蔵穴・住居址から相当な量が出土している。豚骨の出土量はきわめて多く、豚の飼育が広く行われていたことはまちがいない。また、鶏の骨も確認されている。仰韶文化の遺跡では、常に豚と鶏の飼育が確認され、粟粒も確認されるが、現在の中国人の主要な蛋白源と炭水化物である豚・鶏・粟が仰韶文化期にすでに確立していることは興味深い。半坡遺跡の仰韶文化は、半坡類型の名称で呼ばれ、年代は前 5000 ～前 4000 年頃と推定されている。

大汶口文化

黄河の中流域で仰韶文化が栄えていた頃、黄河の下流域の山東省方面から江蘇省にかけての地域において、大汶口文化と呼ばれる同じく彩陶をもつ新石器時代中期文化が栄えていた。名称の由来となる大汶口遺跡は、山東省泰安県と寧陽県の境、大汶河の両岸に広がっている。

大汶口文化の経済活動は農業が主で、山東省膠県の三里河遺跡の貯蔵穴 H203 灰坑からは大量の粟粒の堆積が発見され、主要な栽培穀物は粟であったと考えられている。大汶口文化は後述する馬家浜文化と抜歯習俗、埋葬方法、土器の器形・紋様などにおいて共通の内容を有しているが、北の大汶口文化の農業が粟栽培を主体としているのに対して、南の馬家浜文化の農業は稲栽培を主体とするものであった。大汶口文化の年代は前4300年から前2800年の間と推定されている。

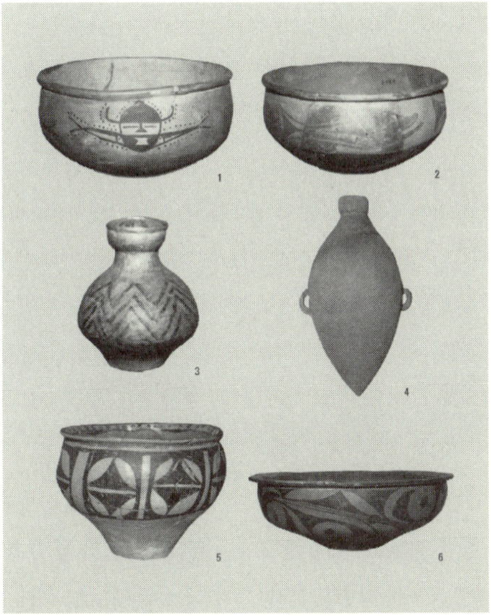

図8　土　器
1～4. 半坡類型、5・6. 廟底溝類型

3. 長江流域の新石器時代中期の文化

河姆渡文化

浙江省余姚市の杭州湾の南岸に位置する河姆渡遺跡は、新石器文化前期末から中期前半に属し、本格的な水稲栽培農耕を行っていた遺跡である。同遺跡の文化層は、第1・2・3・4層に分かれるが、第1・2層は馬家浜文化の堆積層で、第3・4層が河姆渡文化の堆積層である。遺跡最下層の第4層の年代は、C14年代測定・樹輪校正年代によると前5200～前4200年の数値が出ている。第3・4層出土の土器器形は比較的単純で、釜・罐・鉢・盤・盆・支座（五徳）があり、塑像には豚や羊を表現したものがある。骨角器には、耜・鏃・鑿・呼子・錐・針・匕・笄・管・珠があるが、骨耜《こっし》と呼ばれる骨製の鋤は第4層から170点余り出土し、重要な耕起具であったと考えられている(図9)。同遺跡からは大量の稲籾・稲茎・稲葉が出土し、技術的進歩をとげた水稲栽培が行われていたことを示している。日本の縄紋時代晩期から弥生時代の水稲農耕も、その起源をた

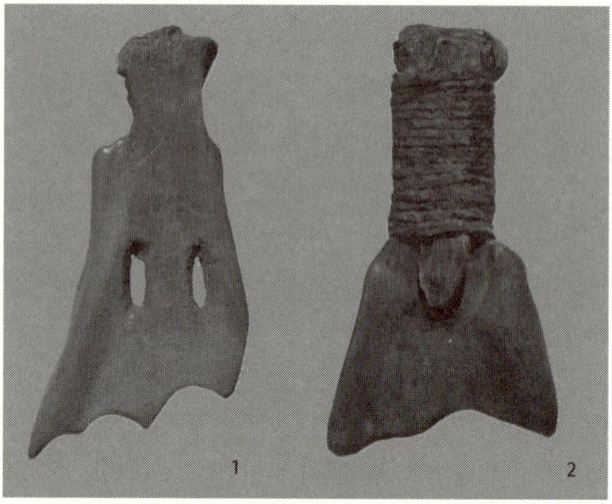

図９　骨耜　河姆渡遺跡第４層出土

どればまちがいなく河姆渡文化に行き着く。

馬家浜文化

河姆渡遺跡の第２層つまり馬家浜類型の文化層からは、河姆渡文化から発展変化した土器・石器・骨角器・木器が出土し、馬家浜文化馬家浜類型の名称で呼ばれている。主要な経済活動が水稲栽培を主体とした農業であったことが知られている。馬家浜類型の年代に関しては、前4500～前3500年の年代が推定されている。

上海市青浦県の崧澤遺跡の中層文化を代表とする馬家浜文化崧澤類型は、馬家浜文化の後半を占める文化で、同類型の調査された遺跡は墓地が多いが、生活遺跡からは多くの稲籾が出土し、経済活動の主体が水稲栽培であったことが知られている。松澤類型の年代に関しては、前3500～前3000年の年代が推定されている。

4. 黄河流域の新石器時代後期の文化——龍山文化——

龍山文化は中国新石器文化後期の文化である。龍山文化の名称は、国立中央研究院の李濟・梁思永らが1930・1931年に発掘した山東省章丘市龍山鎮の城子崖遺跡に由来している。龍山文化の称名で呼ばれる遺跡は河南省・山西省・山東省・陝西省を中心にその周辺に分布し、黄河流域では前3000年頃に龍山文化前期の時代に入ったと推定されている。

龍山文化は、廟底溝第2期文化を代表とする龍山文化前期（前3000～前2500年）と、河南龍山文化や山西龍山文化などを代表とする龍山文化後期（前2500～前1750年頃）に分けられ、終了は前1750年頃と推定され、新石器時代は終わりを迎える。長江流域では、前3000年ないしは前2500年ごろから龍山文化に類似した文化内容をもった良渚文化が出現している。

龍山文化の特色

龍山文化は、共通の要素としてつぎのような特色をもっている。

土器の陶質は泥質灰陶・夾砂灰陶や細泥黒陶・卵殻黒陶が中心となり、土器紋様は籃紋・方格紋・縄紋・附加堆紋などが一般化する。轆轤作りの土器もみられ、器形には鼎・斝・盉・鬹・鬲・甗・甑・罐・豆・盆・杯・盤などがある（図10の1～9)。圏足・三足・把手のある器がいちじるしく増加する。

生産工具の面では、磨製石器と貝器の使用が増大する。伝統的な無孔石刀・石鍬・石鏟・石錛などの石器も用いられているが、新たに半月形の有孔石刀（石庖丁）・石鎌・貝鎌・磨製石鏃・石犂などがみられるようになる。

草創期の金属器として少量の純銅や青銅が出現するが、この金属器の量はきわめて微量で、社会生活に直接大きな変化を与えるものではなかった。

前期の龍山文化

龍山文化前期に属する廟底溝第2期文化を代表する遺跡は、河南省陝県廟底溝村にある廟底溝遺跡である。廟底溝第2期文化の遺構には、住居址・窯・灰坑・墓があり、遺物には土器・石器・骨角器などがある。土器は夾砂灰陶と泥質灰陶が主で、紅陶を主体とした仰韶文化のそれとは異なる。土器の紋様には縄紋と籃紋が多いが、少量の方格紋も認めら

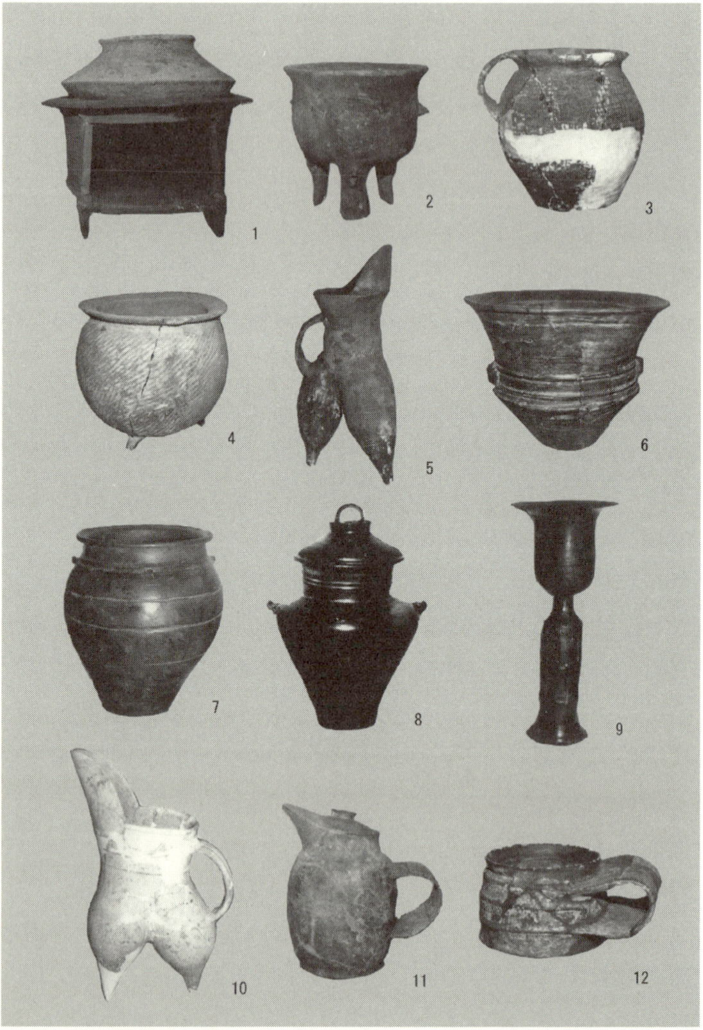

図 10　新石器時代中期の土器

1・2. 廟底溝第２期文化、3 ～ 6. 河南龍山文化、7 ～ 9. 山東龍山文化、10 ～ 12. 良渚文化

れ、附加堆紋もある。器形には鼎・斝・罐・盆・豆・杯・碗・器蓋・灶などがある（図10の1・2)。

廟底溝第2期文化の生産活動は農業が主体で、粟栽培を行っている。また家畜の飼育も盛んで多くの豚や犬の骨のほか、牛や羊の骨も発見されている。

後期の龍山文化

龍山文化後期の遺跡は、河南省・陝西省内はもとより、山西省・河北省・安徽省西部・山東省・遼寧省南部・甘粛省の各地に広がっている。これら後期の龍山文化は、地域ごとの特色によって河南龍山文化（后岡第2期文化)・陝西龍山文化（客省荘第2期文化)・山西龍山文化・山東龍山文化（典型龍山文化）に分けられる。また、龍山文化併存の甘粛省の文化は斉家文化の名称で呼ばれ、浙江省の文化は良渚文化の名称で呼ばれている。

河南龍山文化

河南龍山文化の遺跡は河南省・山西省西南部・河北省南部・山東省西部・安徽省西北部に分布する。河南龍山文化の土器にも先記したように轆轤の使用が認められ、地紋は籃紋・方格紋・縄紋が主で、紋様には附加堆紋もみられる。土器器形には鼎・斝・鬹・罐・甑・盤・甕・壺・盆・擂鉢・鉢・圏足盤・豆・盒・觚・杯・碗・器蓋などがある。石器の多くは磨製で、石斧・錛・鑿・鏟・石刀・鎌・鏃などがある。河南龍山文化を地域的特色によって王湾類型・后岡類型・王油坊類型・三里橋類型・下王岡類型に細分することもある。その中で王湾類型は洛陽盆地を中心に分布し、この王湾類型を母体に夏王朝や殷王朝の文化が生まれたと考えられている。河南龍山文化の年代は開始時期が前2500年頃から、終末が前1750年頃と推定されている。

山西龍山文化

山西龍山文化は、山西省襄汾県の陶寺遺跡の遺物を基準にして山西龍山文化陶寺類型とも呼ばれる。陶寺遺跡の遺構主体は遺跡を取り囲む土塁と墓であるが、大量の土器・石器・骨角器・木器・玉器などの遺物が発掘されている。土器の主な紋様は縄紋で、籃紋や彩絵があり、代表的な器形には灶・斝・罐・壺・瓶・盆・盤・豆などがある。盤には彩絵で長身の魚あるいは龍を描いたものもある。同遺跡からは木製鼉《だ》鼓《こ》（ワニ皮を張った太鼓）や、純銅鈴、青銅腕環・容器破片など銅系遺物の出土もあり、鼉鼓や龍は王権の象徴とする考えがある。先夏文化および夏文化を考えるうえで山西龍山文化陶寺類型は、河南龍山文化王湾類型とともに、都市国家・王朝成立の前段階にあり、都市国家成立直前の文化・類型として重要な意味をもっている。山西龍山文化遺物に対するC14年代測定と樹輪校正年代は、前2500～前1750年の値を示している。

陝西龍山文化・山東龍山文化

陝西龍山文化は西安市長安区の客省荘遺跡の第2期文化を代表としている。この文化の遺跡は客省荘遺跡のほか、陝西省西安市臨潼区の姜寨遺跡・康家遺跡、武功県趙家来遺跡などが知られている。また、山東省章丘市（旧歴城県）龍山鎮の城子崖遺跡を標準として、その文化に山東龍山文化の名称が与えられている。この文化は、土器の胎土が鶏の卵のようにきわめて薄い卵殻黒陶を顕著な指標とする文化である。

5. 龍山時代に併存した黄河上流域の文化

斉家文化

黄河の上流域である甘粛省南部の蘭州付近には、中原の龍山文化と同時期頃に斉家文化が存在した。この文化の名称の由来となった斉家坪遺跡は、甘粛省広河県（旧寧定県）斉家坪にある。

斉家文化の文化的特徴としては、龍山文化的であること、灰陶・黒陶が少なく紅陶が主体で彩陶をもつこと、銅系遺物を出土すること、などが指摘されている。土器の器形には双耳罐・高領双耳罐・三耳罐・浅腹盤・深腹盆・鏤孔圏足豆・袋足鬲などがある。他地域の龍山文化にくらべて銅系遺物の発見例が多く、斧・刀子・匕・鑿・鑽・矛・錐・鏡・指環などの銅系遺物が出土しているが、銅系製品の存在は一般的なものであり、その意味ではこの文化を単純に新石器時代後期文化に位置づけることはできない。斉家文化の年代は、C14 年代測定・樹輪校正年代で前 2030 ～前 1748 年の値が示めされている。

6. 長江流域の新石器時代後期の文化

良渚文化

黄河流域の新石器時代文化が龍山文化と呼ばれる新しい時代に入った頃、長江下流域の太湖の周辺から銭塘江下流域にかけての地域では、馬家浜文化崧澤類型を母体として発展変化した良渚文化と呼ばれる新しい文化が出現する。この文化は、浙江省杭州市余杭区の良渚鎮遺跡を代表とする。

良渚遺跡では城址とされる巨大な土塁遺構が発見され、また良渚文化の墓はしばしば墓壙が発見されず、複数の墓が集合して土墩の形を呈し、多くの玉器が副葬された玉斂葬と呼ばれるものもある。

良渚文化の土器は轆轤を用いて製作された物も多く、主要な器形には鼎・鬶・盉・豆・圏足盤・簋・杯・圏足壺・貫耳壺・圏足尊・罐・缸などがあるが、その型式によって前期と後期に分けられている（図 10 の 10 ～ 12）。玉器類は、製作技術において特に高水準に達した遺物であるが、璧・琮・環・鉞などは殷代以降の玉器の基本となる器形である。また、土を耕すのに用いられた石犂と呼ばれる耕作用の石器類があるが、

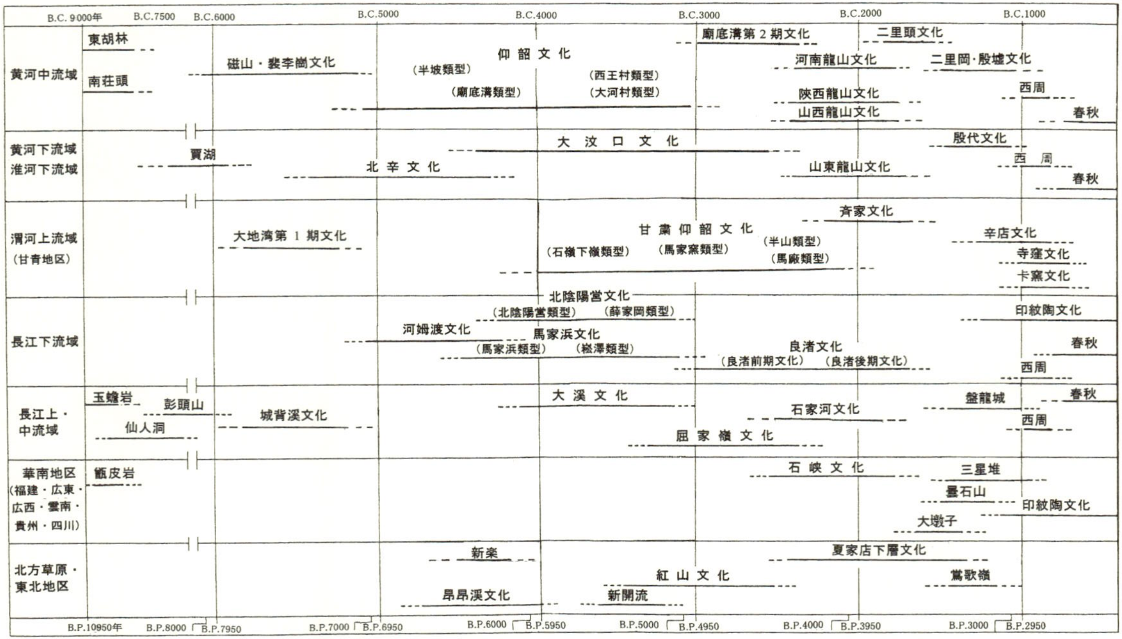

表 1　主要新石器文化・遺跡年代表（2014 年）

石犂の使用は水稲栽培技術を飛躍的に向上させ、稲の収穫量をいちじるしく増大させたと考えられている。

良渚文化の年代は、良渚文化前期の開始時期が前 3000 年頃、後期の終了が夏文化開始時期の前 1750 年頃である。

7. 中国各地の新石器文化

中国の新石器文化は、けっして黄河・長江流域のみを中心に展開したものではなく、北の黒龍江流域には、細石器と土器をもった文化が広がり、中国東北地方から内蒙古自治区にかけての地域には紅山文化と呼ばれる文化が、また華南地区では石峡文化・曇石山文化などの文化が知られている。これらの文化については細かく取り上げないが、中国新石器文化の各文化・類型・遺跡の年代的関係を表にしたのが表 1 である。

中国の新石器文化は、北と南の粟栽培と稲栽培の違いはあるものの、黄河の上流・中流・下流域、および長江の中流・下流域において新石器時代前期から後期にいたるまで、同時平行的な発展を遂げている。その共通の要素として、大部分の地域で生産経済の中心に穀物としての粟栽培と稲栽培があり、また蛋白源としての養豚があった。粟・米と豚肉は、今日の中国の食事においてもその中心的存在である。

第2章

夏殷時代

—青銅器時代Ⅰ—

第1節　夏王朝の考古学

考古学的な層位と土器の型式分類のうえから、河南龍山文化王湾類型と、殷文化である二里岡文化に挟まれた文化として、二里頭文化と呼ばれている文化が存在する。この文化名称は河南省偃師市に存在する二里頭遺跡によるもので、遺跡は現在も中国社会科学院考古研究所によって調査が進められている。

二里頭文化は前18世紀の中頃から始まり、黄河中流域ではその頃から青銅器時代に入るが、私は青銅器時代に入ったこの時代を、中国最初の王朝である夏王朝の時代と考えている。今日の研究では、この文化を河南省北西部の二里頭類型と山西省南部の東下馮類型に分け、さらに河南省東地区の牛角岡類型、河南省南部の楊荘類型、河南省南西部の下王岡類型を設定する場合もある。二里頭文化の主要な分布地域は、河南省洛陽盆地を中心に、黄河中流域の洛河・伊河・潁河・汾河・涑水河流域にひろがり、これが夏王朝の領域でもある。

1. 二里頭遺跡

二里頭遺跡は洛陽市の東南15km、洛河と伊河の合流点の西側の微高地に位置し、東西の幅は約 2,400m、南北の幅は約 1,900m で、総面積は約 300 万 m^2 である。遺跡全体を取り囲む土塁・城壁の存在は報告されていないが、遺跡の中心には土塁壁に囲まれた南北 400m、東西 300m の長方形の宮殿宗廟区があり、その宮殿宗廟区を取り囲んで各種の遺跡・遺構が点在する。遺跡内で確認されている遺構には、大型建築・土塁壁・道路・排水溝・敷石面のほか、鋳銅遺跡・祭祀遺跡・墓地・住居址・灰坑・井戸・窯などがある。遺跡の堆積は層位と土器型式によって二里頭文化二里頭類型第１～４期の４時期に区分されるが、中国最初の青銅器文化としての特徴を示すのは二里頭類型第２・３・４期である。

宮殿宗廟区の南西角に回廊に取り囲まれた１号宮殿址があり、東西約 107m、南北約 99m の版築の大基壇上に、主殿堂・回廊・南大門などが乗っている。宮殿宗廟区の東土塁壁に接して２号宮殿址が位置し、東西の幅 57.5 ～ 58m、南北の長さ 72.8m ほどの大基壇の上に主殿堂・寝・回廊・大門が建てられていた（図 11）。２号宮殿址は回字形式の割付をもつ大型建築址で、宮殿宗廟区内からは１・２号宮殿址のほかに 10 カ所を超える版築の建築遺構が発

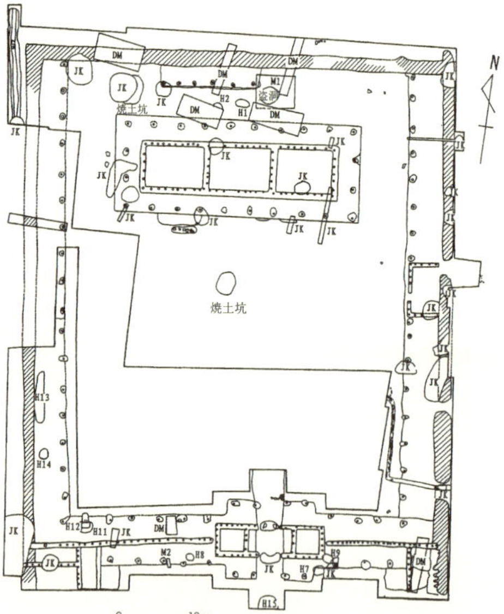

図 11　二里頭遺跡２号宮殿址
（中国社会科学院考古研究所 1999）

見されている*。これらの大型建築址は、祖先信仰に関わる宗廟などの建物であったと推定されている。

2. 二里頭文化の遺物

土器類

二里頭遺跡から出土する土器には、深腹罐・円底罐・鼎・鬲・甗・甑・擂鉢・盆・杯・壺・盤・三足盤・簋・大口尊・甕・汲水罐・貫耳壺・四耳壺・大口缸・器蓋など生活実用土器が多いが（図12）、陶製禮器の性格をもつ鬹・爵・斝・盉・觚・角などの土器も少なくない。爵・斝・盉・角などは（図13）、墓の副葬品として用いられるほか、祭祀の場で祭祀を取り仕切る夏王の権威を示す道具でもあったと考えられている（土器や青銅器の名称については巻末の用語解説を参照）。

金属器類

二里頭遺跡からは二里頭類型第２期から第４期に属する銅系金属器が出土しているが、これらは必ずしも銅と錫の合金である青銅器とは限らない。あるものは純銅、あるものは銅と鉛の合金、あるものは銅と錫の合金としての青銅器である。出土する銅系金属器には、爵・盉・斝・鼎・鈴・獣面紋牌飾・円牌飾・戈・戚・鉞・刀・鏃・鑿・錛・錐・鋸・釣針・紡錘車・円形器・銅条などがある（図14）。この中で爵・斝・盉・鼎・戈・戚・鈴・獣面紋牌飾は、基本的に墓からの出土である。

二里頭遺跡における多数の銅系金属器の出土、青銅利器の存在が、この文化を青銅器文化とする根拠となっている。新石器時代後期の陶寺遺跡などからも初期の銅系遺物が発見されているが、出土量はきわめて少

＊回字形式とは古代中国建築群の平面的な割付の形式のひとつで、中心の主殿を回廊が「回」字形に取り囲み南回廊の中心に南門が存在する。主殿の位置と建物の配列と繋がりによって、ほかに口字形式・日字形式・目字形式がある。

図12　二里頭類型の土器（1）

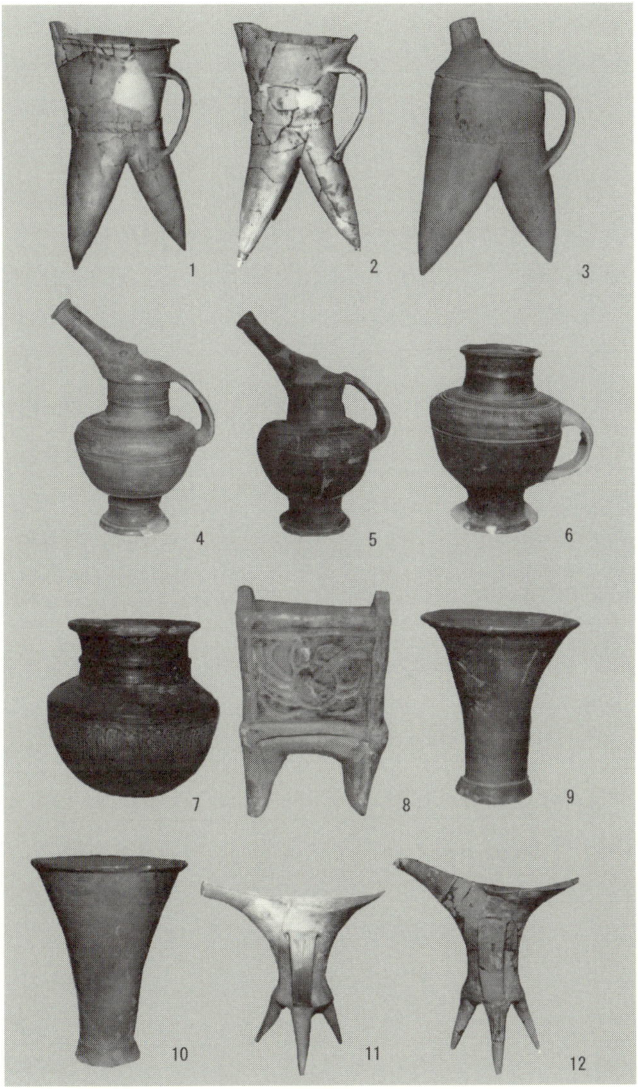

図 13　二里頭類型の土器（2）

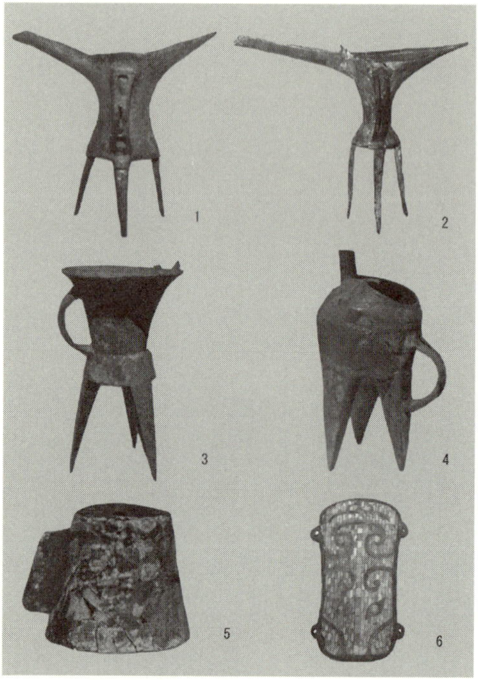

図 14　二里頭類型の青銅器
1・2 爵、3. 斝、4. 盉、5. 鈴、6. 獣面紋牌飾

なく、時代区分のうえでは二里頭文化が黄河中流域の最初の青銅器文化といえるのである。

玉器類

二里頭遺跡からは、柄形飾・戈・鉞・玦・斧・鏟・牙璋・刀・琮・璜・板・鏃・管・珠などの玉器類が出土している。これらの玉器の内、柄形飾・戈・鉞・牙璋・刀・琮はこの時期の禮楽器の一種として捉えることができる。玉器も青銅器と並んで夏王の権威を示す道具であったと考えられている。

炭化植物種子

洛陽盆地にあり二里頭文化と同時代の皀角樹遺跡では、食料となりうる穀類の植物種子・核が確認されている。それらの炭化植物種子は 111 粒在り、その内訳は、粟 42 粒（32.8%）、黍 26 粒（23.4%）、麦 16 粒（14%）、稲 6 粒（5.4%）、大豆 21 粒（18.9%）であった。この遺跡に関する限りは、圧倒的に粟が多く稲はわずかであり、粟が食料穀物類の中心であったと考えられる。しかし、二里頭遺跡の炭化稲籾の数量は、出土農作物の 3 分の 1 を占めると伝えられており、二里頭文化においては稲も重要な主食穀類であったと想定される。

3. 二里頭文化と夏王朝の年代

戦国時代の魏王の墓から出土したと伝えられる古本『竹書紀年』や、あるいは今本『竹書紀年』によれば、夏王朝は 471 年間、殷王朝は 496 年間、西周王朝は 257 年間続いたとされている。東周時代の開始年代である前 770 年から 257 年・496 年・471 年と遡ると、西周の成立は前 1027 年、殷王朝の成立は前 1523 年、夏王朝の成立は前 1994 年になる。つまり夏王朝の年代は文献史料上からは前 2000 ～前 1500 年頃と推定されてくる。青銅器時代開始時期に当たる二里頭類型第 2 期の木炭の C14 年代測定および樹輪校正年代は前 1850 ～前 1650 年頃の値を示している。また二里頭類型の第 4 期から次の殷王朝開始時期に属する木炭の C14 年代測定および樹輪校正年代は前 1600 ～前 1450 年頃の年代を示している。つまり黄河中流域における青銅器文化の開始は前 1750 年前後で、殷王朝の開始は前 1500 年頃と考えることができるのである。

このように考えると殷王朝成立時期以前に、黄河中流域に 350 ～ 250 年間の空白の青銅器時代が存在していたことになる。この黄河中流域の特に洛陽盆地を中心とした二里頭類型遺跡分布地域は、夏王朝に関わる伝承が数多く残っている地域である。このような状況証拠から、この地域の空白の青銅器時代の遺構・遺物こそ夏王朝が残した文化である可能性が高いと、私は考えている。青銅器時代に入った二里頭類型第 2 期からが都市国家が成立した夏王朝の時代で、その終わりは二里頭類型第 4 期までの時期と結論づけている。

4. 二里頭文化周辺の諸文化

二里頭文化の周辺にあった諸文化も重要な意味をもっている。夏王朝の二里頭文化の東、黄河の西北側の河北省南部から河南省北部地区には、殷王朝の祖先が残した前1500年頃以前の文化が、先殷文化（殷王朝成立以前の夏王朝併存時代の殷人の残した文化で、中国では「先商文化」と呼んでいる）として存在している。

先殷文化が分布する唐河・漳河・洹河・淇河・黄河（新郷・鄭州付近）の流域は、安陽市の殷墟遺跡、鄭州市の鄭州殷故城に代表される殷王朝の遺跡が分布する地域である。この地域の先殷文化の一部は、かつて1970年代以前には二里頭文化の範疇に含んで考えられたこともあったが、今日では先殷文化と認識され、漳河類型・輝衛類型・南関外類型の3類型に分けられている。これらの文化の年代は、龍山文化の末期から殷文化前期に当たる二里岡文化初期にかかると考えられ、おおむね二里頭文化に併存する。二里頭文化が夏王朝の文化として文明段階に達した前1750年頃、先殷文化はまだ文明段階にはいたっていなかった。

第2節　殷王朝の考古学

先殷文化を母体に夏王朝文化の強い影響を受けて殷王朝の文化が成立する。その文化は、殷前期・殷中期・殷後期文化の3時期に分けて考えられているが、殷中期の文化と遺跡に関しては不明のことも多い。

1. 殷前期の文化

河南省鄭州市の二里岡遺跡に由来する二里岡文化は、先殷文化および二里頭文化から生まれた殷前期文化である。この時期の重要な遺跡として、河南省偃師市尸郷溝で発見され、現在、中国社会科学院考古研究所が調査を進めている偃師殷故城遺跡がある。

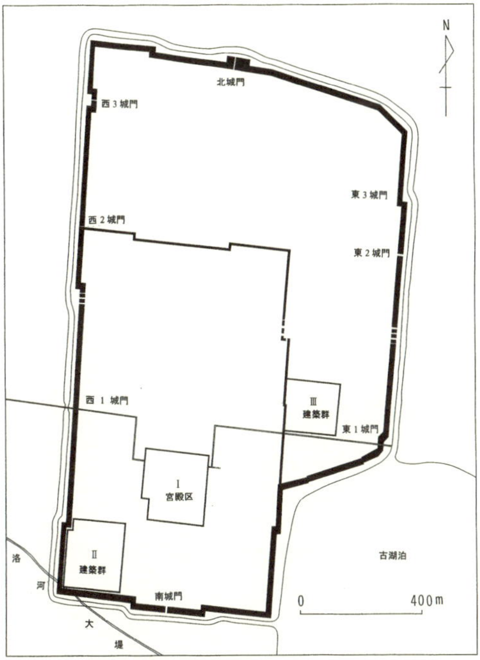

図15　偃師殷故城の平面図
（中国社会科学院考古研究所 2013）

偃師殷故城

この遺跡は城壁に囲まれた大規模な城郭で、大城外には周濠が取り巻き、都市機能の存在が想定され、都城あるいは城郭都市と呼ぶのにふさわしい遺跡で、殷最古の都の跡である可能性が高い。小城を取り込む大城は平面庖丁形を呈し、西壁の長さ1,710m、北壁の長さ1,240m、東壁の長さ1,640mで、南壁は東西740mほどの大きさである（図15）。

遺跡の南西側には、この故城の初期の主要部分である小城がある。南北約1,100m、東西幅約740mほどの大きさで、中央南寄りには土塁に囲まれた宮殿区Ⅰがあり、宮殿区の中では9基以上の大型建築址が確認されている。その中には宗廟も含まれると推定される。城内から出土する土器は基本的には殷前期文化に属する遺物で、故城の大灰溝からは二里頭類型第4期から二里岡文化初期にいたる土器が出土しているが、これらの土器はこの故城の造営開始年代がこの時期であることを示している。

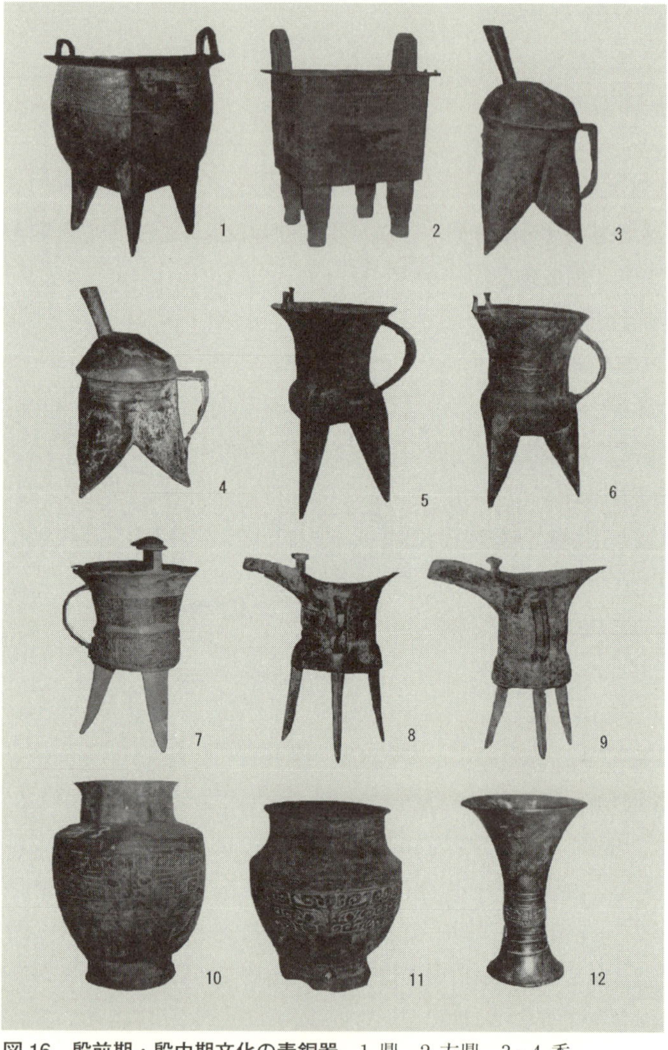

図 16　殷前期・殷中期文化の青銅器　1. 鼎、2. 方鼎、3・4. 盉、5～7. 斝、8・9. 爵、10・11. 罍、12. 觚（1・2・3・10・11. 鄭州、4・6・12. 故宮、5・7・9・12. 上海博、8. 東博）

『漢書』地理志には「偃師の尸郷は殷湯王の都せしところ」と書かれているが、偃師殷故城の中央には現在も尸郷溝と称する溝が東西に延びている。また唐代の『括地志』に「偃師は湯王の都である西亳の地である」との記述も残っているが、この遺跡は殷初代の湯王の都である「亳」の地である可能性がきわめて高い。遺跡から出土する木炭のC14年代測定・樹輪校正年代は、前1680～前1430年と、殷の初年に対応する数値を示している。

鄭州殷故城

鄭州市では1955年に二里岡文化期の城壁が発見されて鄭州殷故城と呼ばれているが、この故城址は東城壁の長さが1,700m、南城壁が1,700m、西城壁が1,870m、北城壁が1,690mという大きさをもつ。城内東北部では、長さ約750m、幅約500mの範囲で大型建築址の基壇群が発見され、故城の内外からは、墓・鋳銅遺跡・骨角器製作遺跡なども発見されている。かつてはこの故城を湯王の「亳」とする説もあったが、殷前期の代表的遺跡である二里岡遺跡はこの故城の南東外に位置しており、ここが研究史的に重要な遺跡であることは確かである。

殷前期の文化である二里岡文化になると、青銅器の量が一気に増加する。鄭州殷故城の内外に残る白家荘遺跡・銘功路遺跡・張寨南街遺跡からは多くの青銅器が出土している（図16）。この時期の青銅器出土地域は、黄河流域のみならず長江流域にも拡大し、湖北省武漢市黄陂区の盤龍城遺跡や江西省内においても青銅器が発見されている。

2. 殷中期の文化

殷中期の代表的遺跡としては、小双橋遺跡と洹北殷故城が知られる。いずれの遺跡も1999年以降調査が開始された遺跡であるが、これらの遺跡に対して、殷10代の王である仲丁以降、19代の盤庚にいたる殷中期文化の年代が考えられている。

小双橋遺跡

河南省鄭州市の西北約 20km の石仏郷小双橋村の西南で発見された遺跡である。遺跡の面積は 150,000m^2 に及び、基壇・青銅器鋳造遺跡・祭祀遺跡・窖蔵《こうぞう》・灰坑・竈・溝などが発見され、土器・青銅器・石器・骨角器・貝器などの遺物も豊富に出土している。建築の基壇では柱穴や暗礎が確認されている。また、多くの祭祀坑が発見されているが、それらには人身を埋めた祭祀坑と動物の犠牲を埋めた祭祀坑の 2 種類がある。

この遺跡では、大量の孔雀石・銅鉱滓・焼土粒・鋳造炉壁残骸が発見されている。また鋳造廃棄物坑や陶笵破片も発見されている。

土器は夾砂灰陶と泥質灰陶が主で、灰色のものが多く、黒皮陶も一定量ある。紋様は縄紋が主で粗縄紋が多く、細縄紋は少ない。主要な器形には、鼓腹円筒高襠の鬲、鼓腹短圏足の簋、浅盤高柄の仮腹豆、中柱盆、擂鉢、長流無尾の爵、大口尊、深腹円底盆、浅腹円底盆などがある。青銅器は、多くが破片で、建築部材・鼎・爵・斝・戈・鏃・刀・鉤・簪・円形泡が確認されている。

この遺跡から出土する土器には「朱文符号」の書かれたものがある。朱文符号はすべて単体で書かれ、文字よりは符号に近いものであるが、文字と考えれば「二」「三」「帚」「匕」「阜」「旬」「東」「天」「父」と読めるものがあり、殷後期に出現する甲骨文字との関係が注目されている。

小双橋遺跡の年代は殷中期文化の前半で、この文化は小双橋期と名づけられている。出土遺物に対する C14 年代測定結果が発表されているが、出土した頭骨の樹輪校正年代は前 1435 ～前 1412 年であった。

また、この遺跡に関しては、古本『竹書紀年』や『史記』殷本紀などにみられる 10 代の仲丁の都「隞」「囂」に当てはめる説がある。

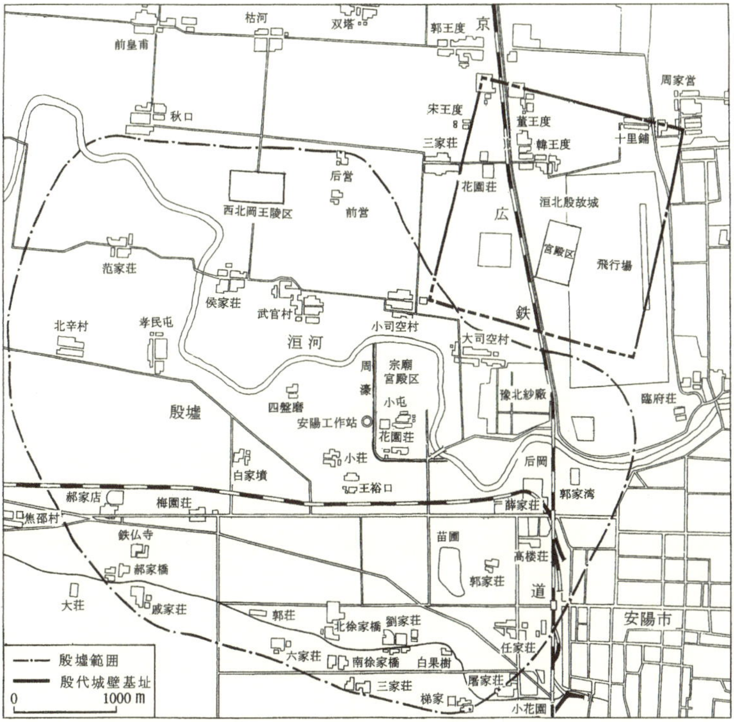

図 17　洹北殷故城・殷墟遺跡の地図
河南省安陽市（中国社会科学院考古研究所 2003）

洹北殷故城

洹北殷故城は、河南省安陽市洹河北岸、殷墟遺跡北西の花園荘付近で発見され、花園荘からさらに南・北および東に広がる城址遺跡の存在が明らかとなっている（図 17）。ほぼ正方形の平面形を呈し、1 辺 2,100 ～ 2,200m ほどの版築の城壁が周囲を囲んでいる。遺跡の中心部では、宮殿址と呼ばれる平面割付が「口字形式」を呈する建築群からなる 1 号建築基壇、2 号建築基壇が発見されている。このほか故城内からは、住居址・井戸・灰坑・墓などの遺構が発見され、文化堆積層は比較的厚く、殷代遺物の出土も豊富である。

洹北殷故城は所謂殷墟遺跡の範囲外に位置し、その規模は大きい。故城の年代は相対的に小双橋遺跡の年代より遅く、かつ殷墟文化より早い時期と考えられている。この遺跡の歴史的な所属に関して、出土している土器の年代などを根拠として、19代の王である盤庚が遷都してきた「殷」の地とし、旧来の殷墟遺跡を武丁以降の殷都とする考えがある。

3. 殷後期の文化

河南省安陽市の殷墟遺跡を代表とする殷後期文化（殷墟文化）は、かつては19代の盤庚から30代の帝辛の時代に考えられていたが、近年は22代の武丁から帝辛までの遺跡とする説が有力である。この時期は4期に分けられ、殷後期文化の終わりは前11世紀末である。

殷墟遺跡

殷墟遺跡は安陽市西北の洹河両岸に24km^{2}にわたって広がり、1928年に中央研究院歴史語言研究所によって発掘が開始されたが、現在は中国社会科学院考古研究所が調査を進めている。洹河南岸の小屯村北東の宮殿宗廟区内では54基の大型建築の基壇が発見され（図17)、ことに甲組と呼ばれる区域で発掘された甲八・甲九・甲七・甲六・甲四・甲五・甲一・甲二・甲三・甲一一・甲一二・甲一三の一群の建造物は、大門・土壁・殿堂・宗廟・明堂などの宮殿宗廟区内の建築群を形成していたと推定されている。また、これらの建築群に付随して奠基坑や祭祀坑と呼ばれる多数の犠牲を埋設した坑が発見され、甲骨文も発見されている。

洹河北岸の侯家荘西北岡・武官村付近では、王陵とその周囲に存在する1,000基以上の祭祀坑・犠牲坑が発見され、殷後期の陵域と祭祀の場

図 18　殷後期文化の青銅器

1・2. 甗、3. 方彝、4. 鴞尊、5. 鼎、6. 尊、7. 卣、8. 斝、9. 爵、10. 觚（1～4. 婦好墓、5～8. 上海博、9・10. 殷墟）

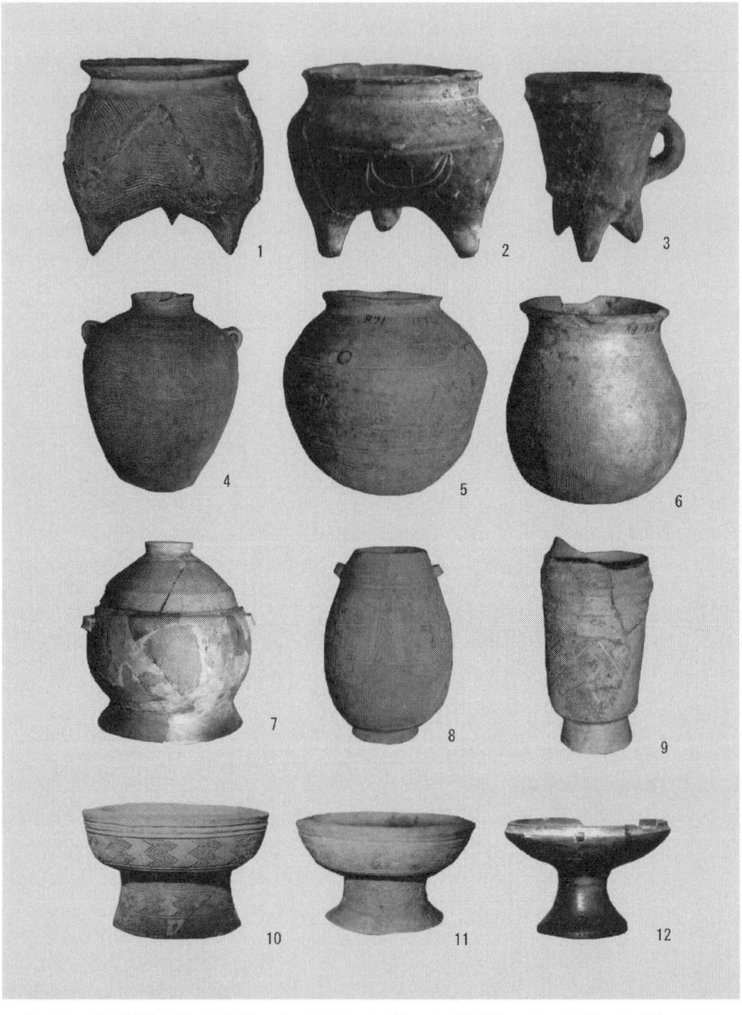

図 19　殷後期文化の土器　1・2. 鬲、3. 爵、4. 双耳壺、5・6. 罐、7. 瓿、8. 壺、9. 尊、10 ～ 12. 豆（1. 東博、2・3. 東大、4 ～ 7・10・12. 中央研究院、8・11. 故宮、9. 上海博）

であったと推定されている。大型墓には、墓室へ下りる墓道の数によって、4 方向に墓道のある亜字形、2 方向に墓道のある中字形墓、1 方向のみに墓道のある甲字形墓があるが、侯家荘西北岡・武官村の大墓には亜字形墓 8 基、中字形墓 3 基、甲字形墓 1 基の合計 12 基が存在し、亜字形墓として最大の侯家荘 M1275 号墓は南北長さ 120m 以上の大きさをもっていた。これらの大型墓は殷代後期の王墓と考えられている。

殷後期の文化は、西周時代と並んで最も青銅器が成熟した時代で、青銅器文化の名にふさわしいものである。侯家荘 M1004 号墓出土の鹿方鼎・牛方鼎、M1001 号墓出土の饕餮紋方盉、武官村出土の司母戊鼎などを代表として、各種の容器・武器が出土している。特に小屯村で発掘調査された婦好墓からは、468 点もの青銅器が出土し武丁時代を代表する遺物となっている（図 18 の 1 ～ 4）。

小屯村の東南 1km の苗圃北地では大規模な鋳銅遺跡が発見され、1,000 点以上の鼎や戈など青銅器の陶笵と坩堝が出土しているが、ここは殷王室の青銅工房であったと推測されている。この遺跡の存在は、殷墟遺跡が祭祀的都市であると同時に王室の青銅工房を有する手工業の中心であったことを示している。

また、殷墟遺跡の各種遺構から

図 20　甲骨文の拓本　小屯 H127 坑出土（合集 5611、郭沫若主編・中国社会科学院歴史研究所編 1977 ～ 1982）

は、灰陶・白陶・黒陶などの多数の土器が出土し、器形には、鬲・甗・甑・盤·三足盤·豆・盆・簋・壺・罍・尊・深腹罐・円底罐·大口尊などの生活実用土器と、爵・觚・斝などの禮器器形が存在する。鬲の多くは殷式の分襠鬲である（図 19)。

文字の出現

甲骨文が出現するのは基本的に殷後期の 22 代の王である武丁時代以降であるが、甲骨文字は中国における確実な文字として最古のもので、占いの記録であったと考えられている（図 20)。殷墟遺跡の第 13 次調査で、小屯村の H127 号灰坑から 17,096 片もの大量の甲骨が出土し、その中には完全な甲骨 300 点余りが含まれていた。図 20 はその内の 1 片であるが、穀物の豊作凶作を占い、後半では諸官の長に告げることの可否を問うている。

殷後期文化期には甲骨文のほか、青銅器に文字を鋳造した金文も出現する。族記号的な絵文字を除けば、文章としての金文の出現は殷後期文化第 4 期からである。殷後期文化における文字の出現は、古代文明の条件のひとつである文字の存在を満たすものであり、また甲骨文の出現は後の漢字の成立に繋がり、東アジア文化に与えた影響は計り知れない。

4. 殷後期文化併存期の地方文化

殷後期文化期には、殷王朝の版図の外に有力な文化がみられるが、そのひとつである三星堆文化は、四川省広漢市の三星堆遺跡に由来し、おおむね殷後期文化に併存する青銅器文化である。

三星堆遺跡

遺跡の 1 号祭祀坑と 2 号祭祀坑からは、多くの青銅人面・玉器・象牙などが出土している。2 つの祭祀坑から出土した青銅器の主体は、人頭像・人面・神木・鳥などからなる青銅器で、人頭像・人面は大目に特徴があり、古代蜀の人びとが大目をもつ人頭像・人面を宗教儀礼において崇拝の対象としたことは確かである。出土した青銅器や玉石器の形には地方色が濃厚であると同時に、中原地域の殷後期文化の青銅器や玉石器の器形に酷似している遺物も含まれている。

大洋洲遺跡

江西省呉城遺跡の東 10km の贛江《こうこう》の東岸に位置す大洋洲遺跡（江西省新干県）からも、特色ある殷中・後期文化併存期の青銅器が発見されている。墓と推定される長方形の土壙内からは、青銅器 485 点、玉器 754 点、土器 356 点などが出土している。出土した青銅禮器には円鼎・方鼎・扁足鼎・鬲・甗・豆・瓿・壺・三足卣・方卣・罍などがある。楽器には鎛《はく》・鐃《どう》があり、武器には矛・戈・鉞・刀・鏃などがある。ほかに双面人頭形青銅器・伏鳥双尾虎などの青銅器がある。

この遺跡の青銅器もきわめて地方色が濃厚ではあるが、一方、青銅容器の形や製作技法において、殷中期文化や殷後期文化時期の中原地域の青銅器と密接な関係を示す遺物が多い。

先周文化

陝西省西安市以西の渭河流域においては、いわゆる夏文化あるいは二里頭文化の分布をほとんどみない。客省荘第 2 期文化と呼ばれる龍山文化の上層には、先周文化（西周王朝成立以前の殷中・後期併存の周の文化）の堆積が乗ってくる。

先周文化の青銅器の出現は、最も古くても殷中期文化の終わりから殷後期文化の早い時期と考えられているが、陝西省宝鶏県から西安市にいたる渭河流域の周の遺跡からは、周形連襠鬲や、高領乳状袋足分襠鬲と呼ばれる特異な器形をした鬲が出土し、高領乳状袋足分襠鬲と伴出する土器は、殷後期文化第 1 ～ 4 期併存と考えられている。陝西省扶風県から岐山県に広がる周原遺跡の鳳雛遺跡・召陳遺跡・雲塘遺跡では大型建築址が発見され、それらの遺構の一部の造営開始時期が、先周時代に遡る可能性も指摘されている。この先周文化がやがて殷後期文化に取って代わり、西周王朝を確立する。

5. 青銅器の意味するもの

夏王朝の人びとが青銅の鋳造技術を知り、殷王朝の人びとにそれを伝えた。殷王朝の時代は、まさに青銅器文化の時代である。そこで作られた青銅器はけっして日常生活で庶民が使用する物ではなく、王や王の一族が祭祀を行うための道具であった。甲骨文字は単に記録を残すため、あるいは伝達の手段としての文字ではなく、王と国家の意思を決定した祭祀・卜（占い）の記録と考えられる。大墓には多くの青銅器が副葬され、多くの殉葬者が埋められた。殷墟遺跡では1,000基を越える祭祀坑に多数の人身犠牲が埋められていた。殷王朝の日々は、青銅器を用いて、想像を絶する人身儀礼を伴う祭祀・卜いが行われる世界だったのである。

第3章
西周時代
—青銅器時代Ⅱ—

西周王朝の王陵は今なおその所在地が不明である。西周の都の所在は、歴史地理学的には比較的明らかになっているが、考古学的には明瞭な都市遺構が発見されていない。そのことが西周の考古学を面白くしているともいえる。西周については、後代に書かれた歴史史料も多数存在し、金文・甲骨文の出土資料も相次ぎ、そうした環境のなかで西周遺跡の発掘が行われており、古典考古学の醍醐味を味わうことができる。

王朝としての西周は、第1代の武王が殷王最後の帝辛（紂）を牧野に破って、都を今の西安市の南西に位置する鎬京に置いた時から始まる。その年に関して、陳夢家は前1027年とし、中国の公式見解は前1046年を提唱するなど、各説が入り乱れて確定していないが、前11世紀の終わりごろと推定してまちがいないであろう。西周時代の終わりに関しては一般的に『史記』周本紀の記述から第12代の幽王が犬戎により驪山の麓で殺された前771年に当てている（これ以降が東周時代となる）。

第1節　西周時代の都城

1. 周原遺跡

西周の都は鎬京であるが、周の都城としてその姿が考古学的に比較的明らかなのは、先周時代から西周時期において周の聖地であり本拠地であった周原である。周原遺跡は、陝西省岐山県の京当・鳳雛・賀家・礼村・王家、扶風県の張家・斉鎮・斉家・劉家・召陳・任家・康家の各村落を包括する約5km四方の範囲で、陝西省考古研究院・北京大学考古文博学院などいくつかの調査隊が発掘を行っている。遺跡には先周・西周時代の大型建築址・窖蔵・墓・鋳銅工房・玉器製作工房・骨器製作工房などがあり、宗廟や製作工房をもつ周の邑を中心に複数の小邑が存在し、先周時代から西周時代にいたる邑の集合体としての都市を形作っていたことが知られる。

陝西省岐山県の鳳雛村では、西周時代の甲組建築址と呼ばれる建物群が発見されている。この建築基址の大きさは南北長さが45.2m、東西幅が32.5mで、この上に南から北へ門堂・前堂・後室が並び、東と西に東室（東廂）列と西室（西廂）列が並び、東室・後室・西室の内側を回廊が回り、夏王朝以来の伝統的な「日字形式」の四合院形の建築様式を呈している。甲組建築址のH11灰坑からは10,000点を越す西周甲骨が発見され、この建築址を周の宗廟とする考えがある。

陝西省扶風県の召陳村では、15基の大型建築址の基壇址群が発見されている。そのうちのひとつF8建築基壇の大きさは東西の長さ約22.5m、南北の幅約10.4m、最大残高が0.76mで、その上には東西8カ所、南北4カ所の礎石や柱基礎の痕跡が残り、東西7間、南北3間の建物が想定されている。これらの建築群からは相当量の屋根瓦が出土し、瓦には反りの浅い板状の平瓦、反りの深い丸瓦（円筒を縦2つに切った半裁竹管形の瓦）、半瓦当*があるが、この遺跡の下層建築群は西周前期に相当し、中国における最も早い時期の屋根瓦使用と考えられている。

陝西省扶風県雲塘および斉鎮では、独特の割付をもった大型建築群の

＊軒先の丸瓦には瓦の端に円形あるいは半円形の瓦当と呼ばれる飾を貼りつけるが、半円形の飾を貼ったものを半瓦当と呼ぶ。

跡が発見されている。斉鎮建築遺跡は雲塘建築遺跡の東 50m に位置し、雲塘建築群と斉鎮建築群は一つの宮殿址群と考えられる。雲塘遺跡の F1・F2・F3 建築址は、F1 建築址が北側、F2 建築址が西側、F3 建築址が東側の「品」字形に配置されていた。この建物配置は後の春秋時代の秦国の宗廟の配置に繋がる割付である。雲塘遺跡と斉鎮建築遺跡からも各種瓦類が遺物として出土しているが、これらの大型建築址で出土した丸瓦には、雷紋や W 字紋の磨消紋（最初に地紋として縄紋を施し後に沈線で区画を取り区画外の縄紋をヘラなどで磨り消した紋様）が施されているものがあり、半瓦当には鱗紋の施されたものもある。大型建築址の発見や瓦の出土は、周原遺跡一帯に周の貴族集団の宮殿や宗廟が建っていたことを明らかにした。

周原遺跡およびその周辺では多くの窖蔵が発見されている。周原遺跡では 29 カ所以上の場所で窖蔵が発見され、257 点以上の青銅器が出土している。これら窖蔵から出土した青銅器の点数は、同遺跡の墓から副葬品として出土した 209 点の青銅器を上回っている。

大型建築址や多くの窖蔵が存在する周原遺跡は、殷墟遺跡と並んで殷周時代の都市の姿をうかがわせる遺跡である。

2. 豐京遺跡

周の文王は嫡子である後の武王を連れて周城（周原）から豐京へ遷ったと伝えられているが、豐京は西周王朝成立直前の周の都で、その遺跡は西安市長安

図 21　豐京遺跡のボーリング調査

区の灃河西岸の客省荘・馬王村・張家坡一帯に位置している。付近には先周以降、西周時代の遺物が散布し、先周・西周時代の墓・窖蔵・住居址・版築基壇・車馬坑（戦車や馬を埋納した坑）の発見も伝えられている（図21）。

客省荘では14基以上の版築基壇が確認され、この付近に宮殿区が想定されている。また、1983年から1986年に張家坡地点を中心に調査された西周墓は400基近くに及び、その中にはM157号墓など中字形墓が含まれ、大型墓は井叔《せいしゅく》一族など西周貴族の墓と考えられている。西周墓出土の副葬土器を中心に西周土器を5期に分類する基礎的な編年が試みられ、西周土器編年の基礎となっている。

3. 鎬京遺跡

武王から幽王にいたる西周12代の都である鎬京は、今日の灃河東岸の斗門鎮・普渡村付近とされている。鎬京遺跡は西周時代の最も重要な遺跡のひとつであるが、この地域で鎬京の跡と推定される都城の遺構が明らかになったとは言いがたい。北魏時代の酈道元の『水経注』や宋時代の程大昌の『雍録』などによれば、前漢の武帝が昆明池を造営したことによって鎬京の遺跡は破壊されたと伝えられている。事の真相は明らかではないが、発見されいるのは若干の西周墓などの遺構のみで、鎬京遺跡の残りはきわめて悪い。

4. 東都雒邑成周と王城

河南省洛陽市の古代の地名に関しては、周時代には雒邑と称し、戦国時代以降に雒陽と称し、西晋・北魏時代以降に洛陽と呼ばれるようになったという。西周の成王のとき、周公旦は東方経営の根拠地として洛陽の地に東都である雒邑、つまり成周とその王城を築いたと伝えられている。

洛陽市付近における墓・車馬坑・窯・灰坑・獣骨坑・鋳銅遺跡などの西周遺跡の分布をみると、遺跡の多くが洛陽老城の北東側、現在の洛陽市中央部を南下する瀍河の両岸に顕著に分布している。また、若干の遺

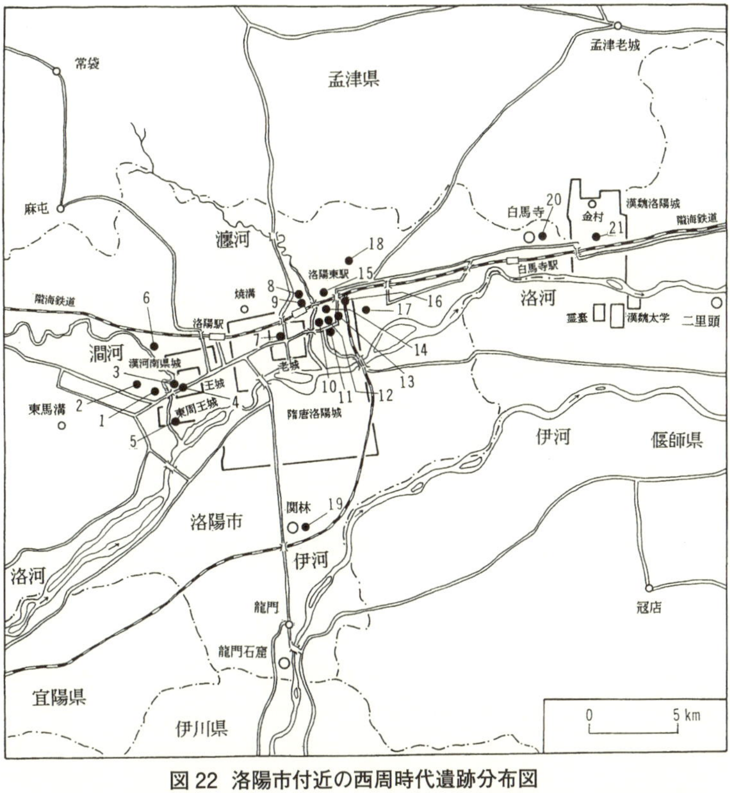

図 22　洛陽市付近の西周時代遺跡分布図

1. 西干溝、2. 澗濱西周墓、3.T203-M3 号墓、4. 中州路西周墓、5. 瞿家屯、6. 五女冢西周墓、7. 老城車馬坑、8. 龐家溝西周墓、9. 北窯鋳銅遺跡、10. 西周窯跡、11. 泰山廟、12. 東大寺、13. 東関、14. 下瑤村、15. 擺駕路口、16. 焦枝線甲骨出土地点、17. 東郊 M13 号墓、18. 交通部西周墓、19. 関林、20. 白馬寺西周墓、21. 洛陽城西周城郭

跡は洛陽市西側の澗河両岸にも分布する。このような状況は、西周時代の遺跡が隋唐の洛陽城東北部および東周王城から、瀍河両岸にかけての、今日の洛陽市街を中心に分布しているとみることができる（図22）。今日の洛陽東駅北側の北窯村龐家溝では西周時期の鋳銅遺跡が発見され、そこからは殷墟の鋳銅遺跡から出土する陶笵に類似した遺物が多数出土している。『史記』周本紀や『漢書』地理志には殷の民を雒邑へ遷した記事がみられ、殷が滅亡したのち殷の鋳銅工人が雒邑へ遷り、周のために青銅器を鋳造したようすをうかがうことができる。

第２節　西周時代の墓

西周時代の墓は基本的には殷墓の伝統を受け継いだ長方形竪穴墓で大型墓は墓道・木槨・木棺を伴っている。西周の王陵と断定できる超大型墓はまだ発見されていないが、貴族や諸侯の代表的な墓地としては陝西省の西安市長安区張家坡西周墓地・岐山県周公廟陵坡西周貴族墓地・宝鶏市𢐗国《ぎょこく》墓地、河南省の三門峡市虢国《かくこく》墓地・濬県辛村衛侯墓地、山西省曲沃県の晋侯墓地、北京市房山区の琉璃河燕侯墓地などがある。

1. 陵坡の西周貴族墓地

陝西省岐山県にある周公廟の北東に位置する陵坡の調査によって37基の西周大型墓が発見され、そのうち２基が発掘されている。37基の墓のうちには４方向に墓道のある亜字形墓が10基、３・２・１方向に墓道のある墓が各々４基あり、ほかに長方形の竪穴土壙墓もしくは車馬坑が15基あることが確認されている。墓の規模と墓道の設置の状況から考えると、ここは西周時代墓地の中で最も重要な遺跡のひとつである。西周墓における４本と３本の墓道をもつ墓は、過去に例のない発見であった。陵坡の西周墓は付近から出土した甲骨文に「周公」の名が複数在り、西周武王の弟である周公旦の一族の墓地である可能性がある。

2. 北趙晋侯墓地

山西省曲沃県で発見された北趙晋侯墓地は、曲村と天馬村の中間地点に位置している。『春秋左傳』定公四年の記載によれば、武王の子、成王の弟である唐叔虞は夏墟の地に封ぜられたと伝えられ、この唐叔虞の子である燮がその地において晋を名のり、やがて春秋時代の大国である晋国へと発展する。この墓地は、晋侯一族の墓地と推定され、西周の王室に直結する貴族の墓であることから、未発見の西周王陵を考えるうえで重要な遺構といえる。

発掘調査の結果、晋侯と婦人の墓18基と、陪葬墓・車馬坑・祭祀坑などの存在が判明している。これら18基の大型墓はすべて墓道をもつ長方形竪穴墓で、中字形墓の2基は南北方向に並び、甲字形墓の16基は東西に並ぶ2基を1組とし、晋侯と夫人の墓であった。晋侯蘇鼎を出土したM8号墓は甲字形を呈する竪穴墓で、墓室と墓道を含む全長は25.1mある。墓室は平面が長方形で、長さ6.65m、幅5.6m、深さ6.65mの大きさであるが、墓室には1槨1棺が納められ、木槨の下には北辺と南辺に石塊が積まれ、その上に木槨が乗っていた。M8号墓は盗掘を受

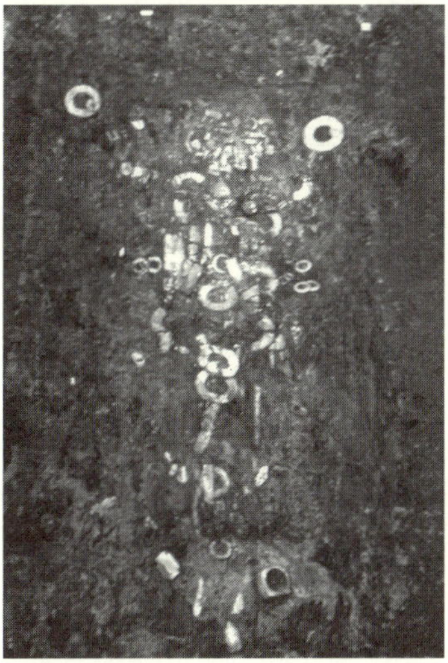

図23　晋侯墓地M8号墓（北京大学考古学系・山西省考古研究所 1994）

図 24　M8 号墓の車馬坑

けていたが、それでも兎尊 3 点、鼎 1 点、簋 2 点、方壺 2 点、甗 1 点、盉 1 点、盤 1 点、爵 1 点、鐘 2 点などの青銅器と石磬 8 点、陶鬲 1 点、棺内の玉器、黄金帯飾 1 組などの副葬品が残っていた。玉器は死者の身体を覆い、西周貴族の埋葬時の玉覆面・玉衣の姿を知ることができる（図 23）。

副葬品で注目されるのは晋侯蘇名のある青銅鼎である。器身内に銘文が鋳造され「晋侯蘇作宝障鼎其万年永宝用」とあった。『史記』晋世家の索隠によれば、晋献侯を「蘇」と言うという、このことによって、この鼎は晋第 8 代の献侯（前 812 年没）の自作器とされ、M8 号墓の被葬者は晋献侯であるとする説がある。M8 号墓の東 10m には M8 号墓に伴う東西約 21m、南北 15m の車馬坑が存在し、48 両の車が納められていた（図 24）。

3.　西周時代の大型墓

西周時代の亜字形墓の発見例は、これまでのところ周公廟遺跡の陵坡墓地以外に存在しないが、中字形墓や甲字形墓は多数の例が知られている。西周時代の中字形墓には河南省濬県辛村の衛侯墓地のほか山西省曲沃県の北趙晋侯墓地にその例があり、また甲字形墓としては陝西省宝鶏市の茹家荘強国墓地や梁代村芮国《ぜいこく》墓地や北趙晋侯墓地における例など多数が知られている。北趙晋侯墓地を基準に考えると、中字形墓は諸侯あるいは国君に相当する身分以上の被葬者が埋葬されていると推定される。したがってそれに準じれば、他地域の中字形墓も周室一族あるいはそれに準じる貴族の墓と推定されてくる。同じく北趙晋侯墓地を基準に考えると、甲字形墓の被葬者の身分も諸侯および卿大夫などきわめて身分の高い貴族墓と推定せざるをえない。夫婦の墓を東西に平行に並べる習慣は北趙晋侯墓地において一般的にみられたが、さらにその2基の墓には車馬坑が伴っていた。このような車馬坑を伴う墓は、まさに王の一族、または貴族の中でも高位にある人物の墓であることを示している。

第3節　西周時代の土器

1. 豊鎬地区西周土器の編年

かつて西安市長安区の灃河西岸張家坡遺跡出土の西周副葬土器を中心に、西周土器の編年が組み立てられた。灃河東岸の普渡村付近出土の西周土器、周原出土の西周土器などを組み合わせ、西周時代およそ250年間を5時期に分けて新たな編年が行われた（図25）。この編年表は陝西省内の西周土器の年代を考えるうえでの基準であるが、同時に西周時代各地の土器一般を考えるうえでも基準になる。

西周の第1期は前半と後半に分けられるが、前半は土器と伴出した殷末周初の斜方格乳釘紋簋の年代から西周の最も早い時期に相当し、武王時代の末期を含み大部分は成王時代の前半に当たると推定される。後半は、この時期の張家坡遺跡のM178号墓から出土した土器と青銅鼎や簋の年代から、康王時代の遺物と考えられる。

第2期も前半と後半に分かれるが、前半は張家坡M162号墓の土器型式と青銅器の年代から昭王時代と推定している。後半は、長甶墓《ちょうふつぼ》と呼ばれる墓から出土した鬲などの土器と、青銅盉や鼎の年代から穆王時代と

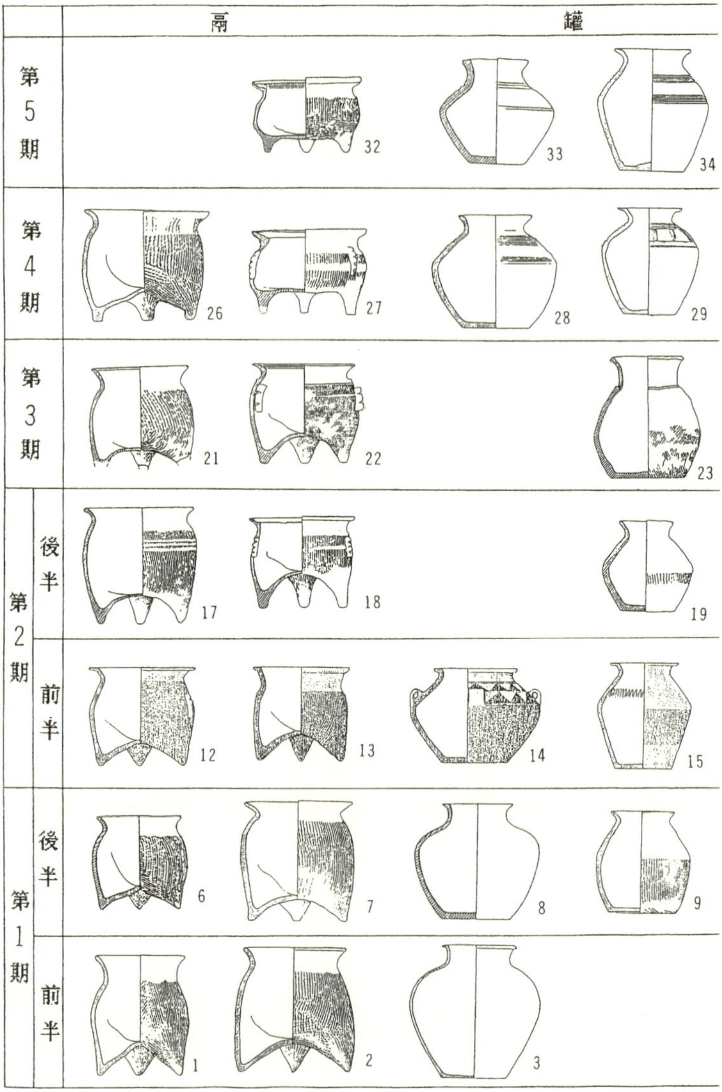
鬲
罐
第5期
32
33
34
第4期
26
27
28
29
第3期
21
22
23
第2期
後半
17
18
19
前半
12
13
14
15
第1期
後半
6
7
8
9
前半
1
2
3

図25　西周土器の

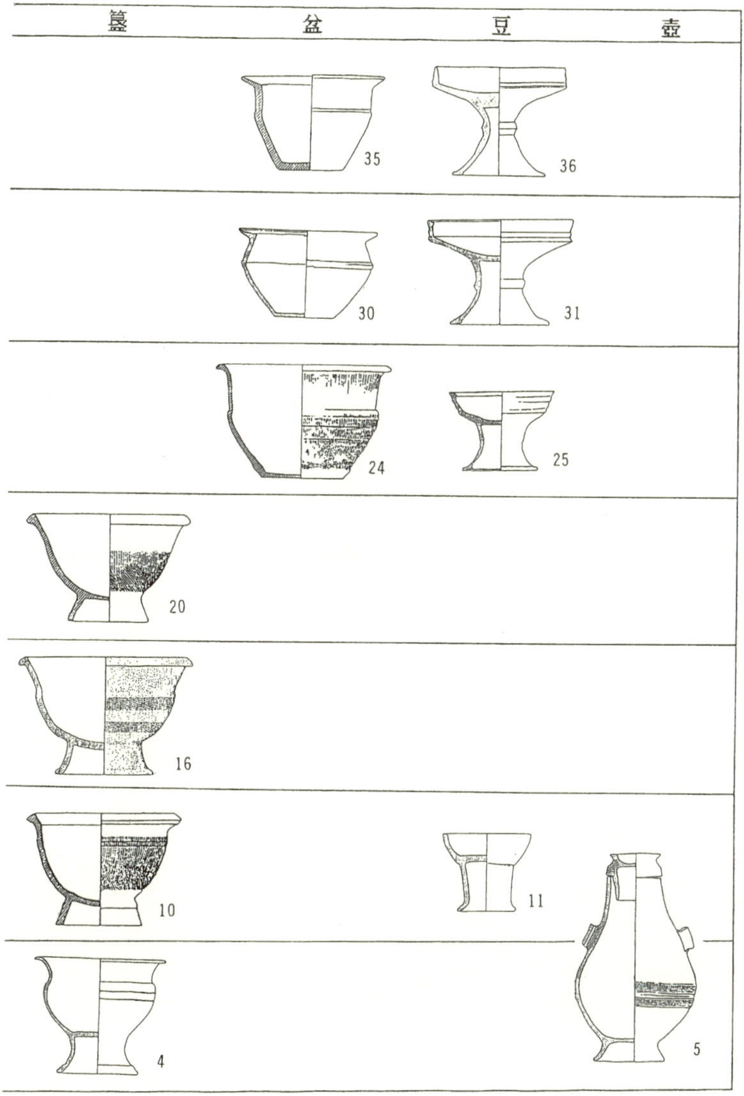
簋
盆
豆
壺
35
36
30
31
24
25
20
16
10
11
4
5

編年図　豊鎬地区

考えている。

第3期の標準試料としては扶風県上康村のM2号墓があり、土器と伴出した青銅鼎には共王時代青銅器に類似するものが含まれ、共王・懿王・孝王の時代に比定される。第4期に関しては、西安市長安区新旺村のM104号墓の土器と伴出した青銅鼎の年代から夷王・厲王・共和の時代に当てられる。第5期の土器は西周末の青銅弦紋鼎や春秋時代型式の青銅盂と伴出することから、宣王・幽王の時代と考えられている。

図26　西周時代の原始磁器　1. 罍、2. 尊、3・4. 簋、5・6. 甕、7・8. 豆　（洛陽龐家溝西周墓出 土）

2.　西周時代の原始磁器

西周時代の大型・中型墓からは、副葬品として納められた原始磁器の類がしばしば出土する。この種の陶器は原料に白陶土（高嶺土）を用い、高温で焼成され（1,200度前後）、器の表面には青灰色の釉がかけられる。このことから中国では、殷・西周時代の磁器を「原始瓷器」とも呼んでいる。

西周時代および併存する時代の原始磁器が発見されている代表的な遺跡としては、洛陽市の龐家溝墓地、河南省濬県辛村の衛侯墓地、陝西省長安県普渡村の長甶墓、岐山県の陵坡西周貴族墓地、北京市房山区の琉璃河燕侯墓地、安徽省の屯溪遺跡、江蘇省句容県の浮山果園遺跡などが知られる。それらの遺跡から出土した原始磁器の器形には、罍・尊・罐・簋・豆・甕・小壺などの器形がある。

洛陽市の龐家溝の西周墓からは、総数270点に及ぶ原始青磁が出土しているが（図26）、その中でも龐家溝M202号墓から出土した灰釉三角帯紋罍は、同時代の青銅罍の器形を移した優美な遺物である（図26の1）。これらの原始磁器は、長江下流域で生産された可能性が高い。しかし、長江流域の原始磁器とは組み合わせと器形が異なり、消費地である華北の求めに応じた器形を製作していたと考えられる。

第4節　西周時代の青銅器

西周時代に鋳造された青銅器には、一般的な道具としての工具や武器も含まれているが、鼎・方鼎・鬲・甗・簋・盨・豆・斝・盉・爵・角・尊・方尊・獣尊・觚・觶・卣・方彝・兕觥・壺・罍・盤・匜などと呼ばれる容器類と、鐘・鎛・鐃などの楽器類が存在する（図27）。これらの青銅容器や楽器には、殷文化青銅器以来の伝統である饕餮紋・夔龍紋・夔鳳紋・蟠龍紋・雷紋などと呼ばれる特異な紋様が鋳造されている（紋様の名称については巻末の用語解説を参照）。

中国古代の青銅容器と楽器は禮制に基づいて宗廟で用いる禮楽の道具で、宗廟に備え置く道具として彝器とも呼ばれている。西周時代の禮の制度を一口で説明するのは難しいが、それは、国家の法制であり、祖先に対する占いと儀式・葬儀であり、貴賤上下の区別であり、身を修める

図 27　西周時代の青銅器　1. 大盂鼎、2. 大克鼎、3. 利簋、4. 宜侯夨簋、5. 何尊、6. 史墻盤

作法でもあった。そのほかに実用具としての青銅器には、戈・矛・刀・鉞・鏃・兜などの武器・武具、斧・鏟・錛・鑿などの工具、軎《えい》・轄《かつ》・鑣《ひょう》・銜・馬面・馬冠・鑾《らん》・鈴などの車馬具がある。

今日考古学的に発掘される青銅器の多くは、墓の中から副葬品として出土しているが、時には窖蔵《こうぞう》や祭祀坑から出土する場合もある。青銅器を出土した西周墓としては、河南省濬県辛村の衛侯墓、陝西省宝鶏市の強国墓、西安市長安区の張家坡西周墓、北京市房山区の琉璃河燕侯墓、河南省三門峡市の虢国墓、山西省曲沃県の天馬曲村晋侯墓などが知られ、青銅器を出土した窖蔵としては、陝西省扶風県の荘白遺跡・斉家村遺跡・強家村遺跡、岐山県の董家村遺跡、眉県の楊家村遺跡などが知られる。

荘白遺跡 1 号窖蔵から出土した青銅器は合計 103 点で、その内訳は、鼎 1 点、方鬲 1 点、鬲 17 点、簋 8 点、盨 2 点、豆 1 点、釜 2 点、觥 1 点、觚 7 点、盤 1 点、匕 2 点、尊 3 点、卣 2 点、方彝 1 点、斝 1 点、壺

4点、貫耳壺1点、罍1点、爵12点、觶3点、斗4点、鐘21点、鈴7点で、そのうち銘文のある青銅器は74点あった。この中で最も重要な遺物のひとつは、284文字の銘文をもつ史墻盤と呼ばれるている前10世紀頃の青銅器である（図27の6）。この銘文は西周前期の重要な史実を述べ、文字や文章も優麗で韻を踏み、西周金文の傑作といわれている。

眉県の楊家村遺跡でも窖蔵から西周後期に埋納された27点の青銅器が出土している。その内訳は、鼎12点、鬲9点、方壺2点、盤1点、盉1点、匜1点、盂1点で、全ての青銅器に長文の銘文がある。それらの銘文は西周王朝の歴史を語り、単氏家族に関わるもので、全体を繋げると1遺跡から出土した青銅器銘文としては最長になり、西周王朝の歴史を知るうえで貴重な史料となっている。

図27の3の青銅器は西安市臨潼区で出土した成王期の利簋と呼ばれる青銅器であるが、この銘文には周の武王が殷王である帝辛（紂）を破った歴史が記載されている。また、図27の5は、陝西省宝鶏市で出土した成王期の何尊と呼ばれる青銅器であるが、銘文中に「中國」の文字があり、これは「中國」を著した最古の文字である。

第5節　西周時代の窖蔵

中国の青銅器文化は、西周時代初頭にその頂点に達している。世界史的にみてもきわめて高水準の鋳銅技術と高い芸術性をもった青銅器の文化である。すでに述べたように青銅器は、禮楽の道具として鋳造された禮器で、一般的には墓に副葬されているが、周原を中心とした関中では、窖蔵に納められた青銅器がきわめて多い。なぜ西周の人びとは、窖蔵に青銅器を納めたのであろうか。

殷墟遺跡には、人身犠牲を伴う祭祀坑が多数存在し、洹北の王陵区だけでも 1,000 基を越えている。西周の周原遺跡や豐京・鎬京遺跡では人身犠牲を伴う祭祀坑はまれである。また、大墓における殉葬も西周墓では殷墓ほど多くない。犠牲とする人間は奴隷であるが、これは青銅器と並んで殷人の財産であった。殷人は最も貴重な奴隷と青銅器を祭祀に用い、これを墓や祭祀坑に納めたのである。しかし、周人は奴隷を祭祀の儀礼に用いず、周人が最も大切にしていた青銅彝器と青銅器に盛った禮物を墓と窖蔵に納めたと考えることができよう。そうした意味では、西周の窖蔵は殷墟遺跡の人身犠牲の祭祀坑と同じ性格をもつといえるかもしれない。

第４章

春秋戦国時代

—青銅器時代Ⅲ・鉄器時代Ⅰ—

第１節　春秋戦国時代（東周時代）の考古学と年代

春秋時代から戦国時代の変わり目は、青銅器の使用に加えて鉄器の一般的使用が加わり、生産経済的に大きな転換期に当たる。春秋戦国時代の遺跡数は殷・西周時代の遺跡数に比較するとはるかに増加し、戦国時代に入ると遺物の種類も従来の土器・青銅器・玉器に加えて、鉄器・漆器・木器などが加わり、量も増加する。今日の中国考古学では、春秋時代を前770年から『史記』十二諸侯年表の最後の年である前477年まで、戦国時代を『史記』六国年表の最初の年である前476年から統一秦の前221年までとする考えが主流となっている。

第２節　春秋戦国時代の都城

考古学的に確認された春秋時代の都城遺跡の数は多くない。文献史学のうえで春秋時代の都城とされる遺跡でも、考古学的には戦国時代～漢代の遺構・遺物の出土が多い場合がある。考古学的に確認された春秋時代の都市遺跡には、洛陽市の東周王城、陝西省鳳翔県の秦国雍城、山西省侯馬市の晋国新田、河南省新鄭県の鄭・韓国故城などがある。戦国時代の都城遺跡の数は比較的多く、先の秦国雍城や櫟陽城・咸陽城、先の鄭・韓国故城、山東省の齊国臨淄《りんし》故城・魯国曲阜故城、山西省夏県の魏国安邑故城、河北省邯鄲市の趙国邯鄲王城、易県の燕国下都故城、湖北省荊州市の楚国郢都《えいと》故城などがある。

1. 春秋時代の都城

洛陽東周王城

周の平王が前770年に東遷し、以後周の都となった洛陽東周王城は、

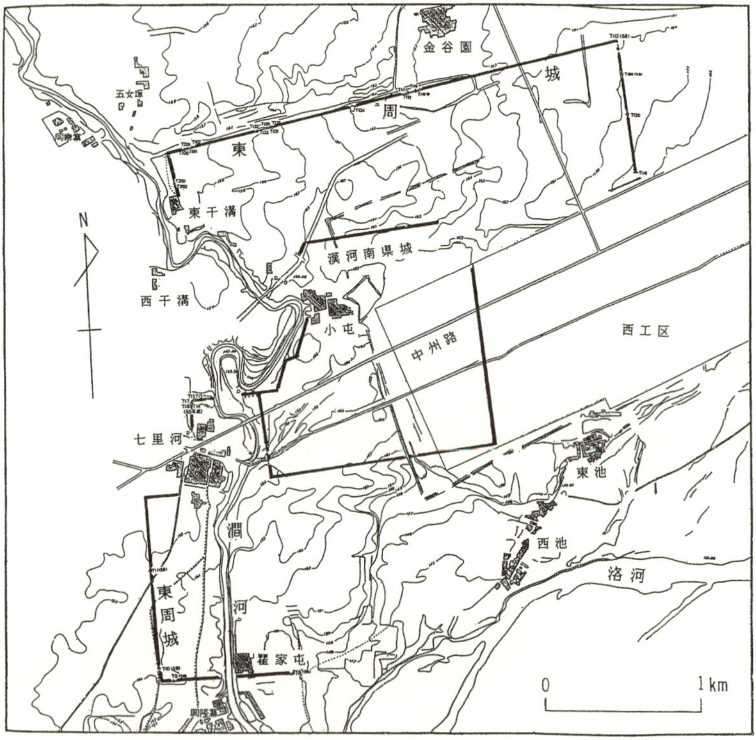

図28　洛陽東周王城・漢河南県城（考古研究所洛陽発掘隊1959）

河南省洛陽市内、澗河の東岸地域にある。内外二重の城壁遺構から成るが、内側の小城は漢河南県城の跡と考えられ、外側の大城は平王が前770年に遷都した王城、つまり東周城址と推定されている（図28）。北城壁は推定全長が約3,700m、東城壁は残存部分の長さが約800m、南城壁は推定の全長が約3,400m、西城壁は残存部分の長さが約1,850mである。

城址内には東周時代の文化層が存在し、鬲・盆・罐・豆などの土器類が出土している。また東周王城南壁付近の瞿家屯《くかとん》では戦国時代中・後期の大型建築址の遺構が発見されている。大城の築造年代は、出土した土器などによって春秋時代中期以前と推定され、戦国時代から秦統一時代にも補修が加えられている。東周時代、周の力は政治的に衰えたとはいえ、国の象徴的な中心地として東周城址は重要な遺跡である。

鄭・韓国故城

鄭韓故城と呼ばれている遺跡は河南省新鄭市にあり、双洎河と黄水河の合流点の北西に位置している。この故城は本来、春秋時代鄭国の都城で、前375年に韓の哀侯が鄭を滅ぼしてここに遷都し、韓国の都城にしたと考えられている。遺跡の平面形は南北4,500m、東西5,000mにわたって不規則な逆L字形を呈している（図29）。故城址の中心には南北に走る隔壁があり、故城址を東城と西城に分けている。西城はやや小さく不規則な方形を呈し、今日の新鄭市県城の北には宮城遺跡や建築遺跡が集中する。宮城遺跡の中央北側に大形の建築遺構が確認されている。東城は曲尺形を呈し、面積は西城の倍ほどで、城内からは鋳銅遺跡・製鉄遺跡・骨器製作遺跡などの各種の手工業遺跡が発見されている。故城の内外からは多数の春秋戦国時代の墓が発見され、また東城の新華路の南では、青銅器坎*7基、青銅楽器坎11基、殉馬坎45基からなる春秋時代の祭祀遺構が発見されている。

＊坎（かん）とは祭祀の場で青銅器や犠牲動物などを埋設した穴のこと。

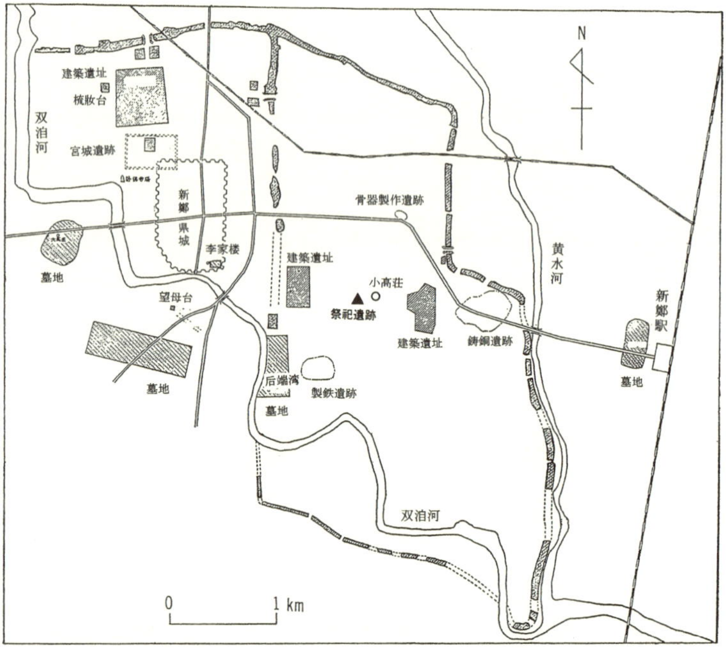

図 29　鄭・韓国故城（河南省博物館新鄭工作站・新鄭県文化館 1980）

2. 戦国時代の都城

齊国臨淄故城

齊国臨淄故城は、山東省淄博市臨淄区に存在する。古典文献のうえでは、齊は前 9 世紀中頃に臨淄に遷都し、前 8 世紀中頃の春秋時代初頭にすでに臨淄故城が存在していたであろうことは明らかであるが、発掘されている都城址関係の遺構・遺物は、圧倒的に戦国時代に属する資料が多い。したがってここでは戦国時代の都城として取り扱うこととする。

齊国臨淄故城の東は淄河に臨み、西は泥河と呼ばれる水系に臨んでいる。臨淄故城は大城と小城からなり、大城は西壁の長さが 2,812m、北壁が 3,316m、東壁が 5,209m、南壁が 2,821 の大きさである（図 30)。

西南角に位置する小城は東壁の長さが2,195m、南壁が1,402m、西壁が2,274m、北壁が1,404mである。小城内の桓公台周囲には版築の土面が確認され、付近一帯に大型建築が存在していたと推定される。城内では製鉄遺構・鋳銅遺構・鋳銭遺構・骨器製作工房などの手工業遺跡が発見されている。大城東北部の鋳銅遺構の第2・3層中では、銅渣・炉壁・

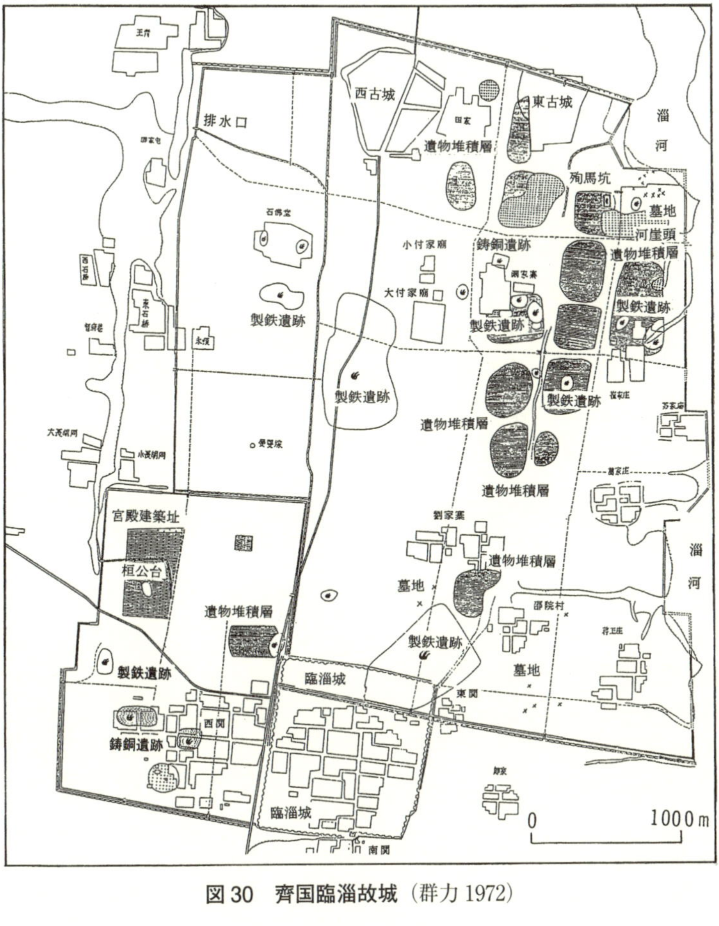

図30　齊国臨淄故城（群力 1972）

図 31　臨淄故城の排水溝

焼土などが発見され、第 3 層は春秋時代前期に属している。大城西北部の城壁を横切る戦国時代の大規模な石組排水溝も発見されている（図 31）。また、多数の土器・青銅器・半瓦当・塼・陶文・封泥などが発見されている。

燕国下都故城

燕国下都は河北省易県の東南にある燕国の都城址で、北易水と中易水の間に位置している。この下都について、一般的には燕昭王の時（前 311 年）に造営された都城で、燕の上都であった薊《けい》（北京）の副都として作られたと考えられている。

この故城は平面が磬形を呈し、東西の長さ約 8km、南北の幅約 4km ほどの大きさで（図 32）。中央を南北に走る古運河と隔城壁によって東城と西城に分けられ、東城の北よりの武陽台の北には東城を南北に仕切る東西方向の隔壁がある。東城は平面形が正方形に近く、東城内には数多くの版築基壇が残り、その一部は北壁外に出ている。手工業の諸工房は東城の北半分ほどに分布する。西城も平面正方形に近いが、北壁中央部の西斗城付近が北に突出している。西城内からは、宮殿区は発見されず、若干の建築址と墓が発見されているだけである。

3.　春秋戦国時代の都城遺跡から知られること

考古学的にみると、春秋時代の都城址遺跡は文化堆積のうえからみて

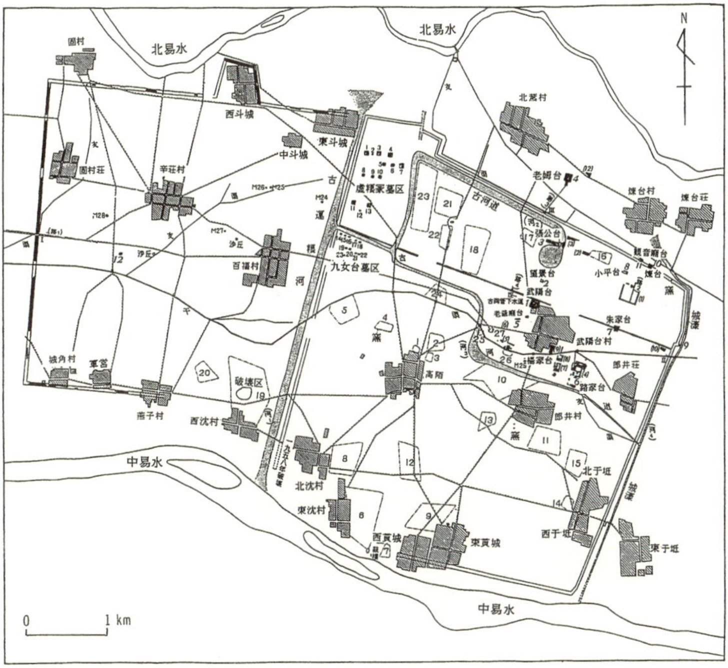

図 32　燕国下都（河北省文化局文物工作隊 1965）

限られた数に留まるが、秦国雍城や鄭・韓国故城では宗廟や祭祀遺跡が発掘され祭政一致の都市の姿を示している。戦国時代に入ると文化堆積も厚く遺跡の数も多くなるが、このことは戦国時代以降に都城の造営が盛んになったことを示している。戦国時代の都市は青銅貨幣を発行し、戦国貨幣には安邑・安陽・晋陽・甘丹・郢など都市名を鋳造・刻印したものがあり、戦国時代の活発な経済活動を示し、また、都市がその国の経済を掌握していたことを示している。文献史学からいうと春秋時代までが都市国家の時代で、戦国時代は領土国家の時代ということになるが、考古学的立場からみると戦国時代の都城こそ都市国家らしい遺構と思われる。

第3節　春秋戦国時代の墓

1. 春秋戦国時代の墳墓のようす

東周時代の墓も長方形竪穴墓を基本とし、大型の墓は墓室に下る墓道をもち、亜字形・中字形・甲字形の平面形を呈するが、小型の墓は墓道をもたない。

大型墓の墓室内には木槨が構築され、木槨内に木棺が納められるが、時には漆塗りの木棺も納められている。小型の墓では竪穴内に直接木棺を埋設している。

遺跡の現状としては、竪穴墓の上に構造物はなく平坦で、その場所が墳墓であると確認できない遺構が多いが、大型墓においては墳丘や墓上建築を伴う墓もある。そのような墓上建築は、墓室の上に造営された寝殿などの建築物で、その建物も地下の墓室とともに墓の一部を構成していたと考えられている。

春秋時代の墓としては河南省三門峡市の春秋時代初頭の虢国墓地、陝西省鳳翔県秦国雍城南の秦公墓地、浙江省紹興市三亭鎮の印山越王陵、戦国時代の墓としては、河南省輝県市固圍村の魏国の3大墓、河北省平山県三汲公社の中山王嚳《さく》墓、河北省易県の燕国下都に付随する燕の墓地、山東省淄博市齊国臨淄故城南東の田齊の王陵群、湖北省随州市の曽侯乙墓、湖北省荊州市江陵紀南故城周辺の楚墓群など多数の遺跡が知られる。春秋戦国時代の代表的な墓のいくつかを以下に紹介しよう。

2. 黄河流域の春秋戦国時代の墓

秦公1号墓

春秋後期の代表例として、陝西省鳳翔県の秦国雍城の南で発見された秦公 1 号墓がある。墓の平面形は中字形で、中央の墓壙の壁は三段の階段状を呈し、墓の全長は約 300m あり、東墓道の長さが 156.1m、西墓道が 84.5m、墓壙の東西の長さが 59.4m、南北の幅が 38.8m、深さが 24m の規模であった（図 33）。墓壙の底部に墓室が築造され、墓室内の主室（主槨）は、柏あるいは松の角材を木口積にしたいわゆる黄腸題湊*で構築されていた。墓の地表面には、柱穴や平瓦の堆積、排水管の設置など、大建築物の痕跡が残っていたが、寝殿など墓の一部と考えられている。この墓の墓主を秦景公（前 577 ～ 537 年在位）とする説がある。

魏国固圍村大墓

河南省輝県市固圍村で調査された 3 基の戦国時代大型墓は、いずれも墓上建築をもつ大型木槨墓であった。3 基は東西約 150m、南北 125m、

図 33　秦公 1 号墓　陝西省鳳翔県

＊黄腸題湊（こうちょうだいそう）は皇帝や王の墓に許され墓室の構築方法で柏の角材を木口積（小口積）にしたものである。

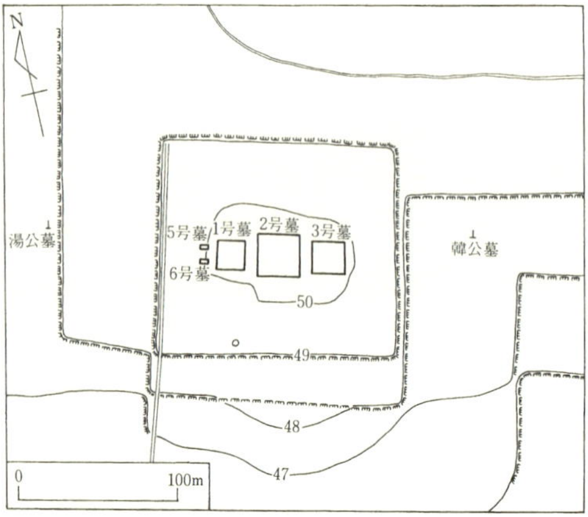

図 34　輝県固圍村の戦国墓分布図（中国科学院考古研究所 1956）

高さ 2m ほどの台地上に東西にならび、西から順に 1 号墓・2 号墓・3 号墓の名称で呼ばれている（図 34）。

第 1 号墓は、墓室・南墓道・北墓道からなる。墓室は墓口で南北長さ 18.8m、東西幅 17.7 mあって、墓口から墓底までの深さは 17.4m である。南墓道の長さは 125m、北墓道の長さは 47m 以上ある。墓室内には、外槨と内槨が設けられ、漆棺の残片が残っていた。副葬品としては、鑑・壺・盤・匜・簋・罍・鼎などの土器・陶器類、鏃・戈を含む若干の青銅器、象嵌のある轅首金具などが出土している。埋土は版築で固められ、墓壙上には墓上建築の雨落ちに敷かれた石敷と考えられる敷石面が残っており、また墓の東北部には平瓦・丸瓦・瓦当などの堆積があり、建物の存在を示していた。2 号墓・3 号墓も同じく南北に墓道をもつ長方形竪穴墓で、墓上建築の遺構が残っていた。

黄河中流域の春秋戦国時代の一部の王陵では、墓上に建築遺構が残っている。春秋戦国時代の墓で墓上建築をもつ墓は先の秦公 1 号墓や、中山王嚳墓など、中国全体で 7 基ほどが確認されている。

燕の墓

河北省易県の燕国下都付近には、燕の 28 基の墳丘墓が残っている（図 32・35）。これらの墳丘のほとんどは平面が正方形に近い方墳で、地表面下に墳丘面積より広い版築の広がりをもっている。燕国下都中央北側の虚粮冢墓区第3・5・6・10号墓には堅い紅焼土層があり、最も厚い焼土は2mに達しているが、これらの焼土は後述する第16号墓にみられる焼土層と同一性格のものと考えられる。第6・8号墓には木炭の存在が、第2・9号墓には青灰土の存在が確認されている。第8・11号墓からは紅漆が、第12号墓からは漆皮が検出されている。

図35　燕国下都九女台墓区

九女台墓区の第16号墓については発掘調査が行われている。墳丘の平面形は隅丸の長方形で、大きさは南北38.5m、東西32m、高さ7.6mであった。墓壙は長方形竪穴で、墓壙の大きさは南北10.4m、東西7.7m、深さは7.6mである。版築で固められた墓壙壁の上部は焼けて固く締まり、東西壁と南壁の下部は石灰とカラス貝の貝殻を突き固めた二層台となっている。北壁下部は焼土壁で、副葬陶器を置く平台が作られている。墓室の大きさは長さ6.6m、幅5.25、深さ2.6mで、墓底には木炭が敷かれている。第16号墓からは青銅器を模倣した土器・陶器類など多くの副葬品が出土している。

齊の王陵

山東省淄博市の臨淄故城の南東には、戦国時代の田齊の王陵と称される四王冢などの巨大な墳丘墓がある（図36）。また臨淄故城の内外で春秋戦国時代の齊の墓が調査され、墳丘の存在も確認されている。それら

図 36　山東省淄博市の齊四王冢

の墳丘の形には方錐台の上に円墳を乗せた方基円墳が多数あり、齊の墳丘の特色を示している。臨淄故城の南の東夏荘・単家荘・相家荘・淄家店の各地点で 19 基の齊国の甲字形の墓が発掘されている。それらの墓は墳丘をもち、墓壙は甲字形墓壙積石木槨墓である。17 基の墓が殉葬坑を伴い、墓室の二層台上に多くの殉葬坑があった。齊国の墓において西周後期から春秋時代の墓には殉葬の風習は認められないが、戦国時代に入りいわゆる田齊になると殉葬の風習が顕著になっている。

3. 長江流域の墳丘を有する墳墓

長江の中・下流域、淮河流域における東周時代の墓は、中原地域の墓の構造とは若干異なる。この地域でも東周時代を通して長方形竪穴墓が作られ、春秋時代後期に入ると墳丘をもった墓が出現してくるが、墓上建築遺構はまだ発見されていない。

印山越王陵

浙江省紹興市の西南 13km の三亭鎮で 4 つの L 字形の周濠に囲まれた墳丘墓が発掘され、印山越王陵と呼ばれている。4 つの L 字形周濠からなる墓域は南北 320m、東西 265m の面積を有し、この周濠の中心部に東西 72m、南北 36m、高さ 9.8m の墳丘がある。墳丘中央下にある竪穴の墓壙は東西に長い不規則な長方形で、長さ 46m、最大幅 19m、深さ 12.4m の巨大な壙である。墓壙内に存在する木槨の墓室は東西に長い長方形で、東に墓道が延びている。墓室と墓道の全長は 54m あり、墓室は東西長さ 33.4m、幅 4.98m で、墓室内には横断面が三角形を呈する大木槨が存在する。木槨の横断面の 1 辺は約 6.7m あり、高さは約 5m である。木槨は後室・中室・前室からなり、中室の中央に木棺が置かれていた。盗掘がはげしく、副葬品の多くは失われていた。この墓は春秋時代後期の越国の王陵と推定され、調査報告書は被葬者として越王勾践の父である允常（前 497 年没）の名を上げている。

曽侯乙墓

多くの漆器を出土した曽侯乙墓は、湖北省随州市擂鼓墩にある。岩盤に掘り込まれた竪穴木槨墓である。墓壙は不規則な多角形で、大きさは東西 21m、南北 16.5m で、本来の深さは 13m あったと考えられている。木槨内は東・中・北・西の 4 室に分かれているが、東室には墓主の外棺・内棺、陪葬棺 8、殉葬された犬の棺 1 があり、漆器・金器・玉器・青銅雑器が副葬されていた。中室には 65 点からなる大型編鐘のほか、鼎 9 点、簋 8 点を中心とする青銅禮器が置かれ、北室には車馬具・武器・竹簡・青銅の大尊缶などが置かれていた。西室には陪葬棺 13 があった。5,012 点に及ぶ漆木器、また竹簡は 240 枚が出土し、中国最古の竹簡の例となっている。この墓の副葬品には「曽侯乙」の銘が 208 カ所みられることから墓主は曽侯乙と推定され、また鐘の銘文に楚の恵王の名前がみられるので、この墓の年代的な上限は前 433 年と考えられている。

望山第 1 号墓

湖北省荊州市江陵には多数の楚の墓が存在する。紀南故城の西北約

7km にある望山第 1 号墓は、直径 18m、残高 2.8m の墳丘をもっている。墓室は長方形竪穴墓で、5 段の土階がある。大きさは墓口で東西 16.1m、南北 13.6m、深さ 7.78m が計測される。2 重の木槨と単棺があり、鼎・敦・壺・鐎壺・罍・鑑・匜・勺・剣・戈・矛・鏃などの青銅器、鼎・敦・簠・鬲・甗・方尊・豆・鑑・罐・匜・勺などの土器・陶器、彩漆彫座屏・鎮墓獣・耳杯などの漆木器各種が副葬品として出土している。出土した 4 本の青銅剣のうちの 1 本に「越王鳩浅自作用剣」の鳥書の銘があり、この「越王鳩浅」とは、越王勾践（前 490 ～前 465 年）を示すものと考えられている。望山台 1 号墓の年代は前 5 世紀中頃と推定されている。楚国においては、墓上に墳丘を造営した墓が多数存在し、墳丘の多くは円墳である。

4. 春秋戦国時代の墳墓の特質

春秋戦国時代の墓は、長方形竪穴墓を基本とし、大型墓は墓道と木槨木棺をもっている。小型墓は墓上に遺構を残していないが、一部の大型墓には墓上建築や墳丘をもつものがある。とくに中山王譽墓からは、金銀象嵌で兆域図《ちょういきず》を描いた長さ 94cm、幅 48cm、厚さ 1cm の青銅板が出土した。兆域図は墓域の平面図で、堂・宮・宮垣の位置と名称、さらに中山王の詔書が示され、寝殿の設計図といえる。この時代の中原の王陵に限れば、墓上に寝殿を建造する葬俗がかなり定着していたと考えられている。副葬品としては青銅製・土器・陶器製の禮器が出土する。

燕国の墓には版築の巨大な墳丘が存在し、内部主体は焼土・石灰・カラス貝などを用いた特異な施設がある。齊の墓には巨大な方基円墳形の墳丘をもつものが多数確認されている。長江中・下流域の春秋戦国時代の越や楚の墓も小型の墓は墓上に墳丘などの施設をもたないが、大墓には墳丘があり、多くの漆器が副葬されている。

第4節　春秋戦国時代の土器・陶器

発掘調査によって出土している春秋戦国時代の土器・陶器は墓に納められた明器*としての副葬陶器の類と、生活遺跡から出土する実用の土器に大別されるが、考古資料として得られているこの時期の土器・陶器の大部分は副葬陶器の類である。ここで図や写真を示した土器・陶器の類も大部分が墓から出土した副葬陶器である。春秋戦国時代の諸侯国で生産された土器・陶器にはそれぞれに特色があり、諸侯国と時代によって相当な差が認められる。

1. 洛陽地区の土器・陶器

春秋戦国時代の土器・陶器には諸侯国・地域によって相当な差が認められるとはいえ、洛陽地区における副葬陶器の器形と組み合わせは、全国的な副葬陶器研究の基準となりうる（図37）。

春秋時代初頭の墓にみられる青銅禮器の副葬は鼎・簋・壺が中心であるが、小型墓においてはそれを土器の鬲・盆・罐で代用したと考えられる。鬲は、口縁は外折し脚は短袋足あるいは短実足のものが一般的である。罐・盆も実用の土器を用いている。洛陽地区では、前7世紀中頃から前6世紀前半の春秋時代中期に入っても、鬲・盆・罐の組合せが基本である。前6世紀中頃から前5世紀前半の春秋時代後期に入ると、洛陽地区における副葬陶器の姿が大きく変化をはじめる。この時期の副葬陶

* 明器（めいき）は死後の冥界で使用するために作った器具であるが、多くは日常器具を模倣したもので、埋葬時に副葬品として墓に納める。土器・陶器製の容器類・人物・動物・楼閣模型・豚小屋模型、漆器の容器・楽器類、小型の青銅武器などがある。

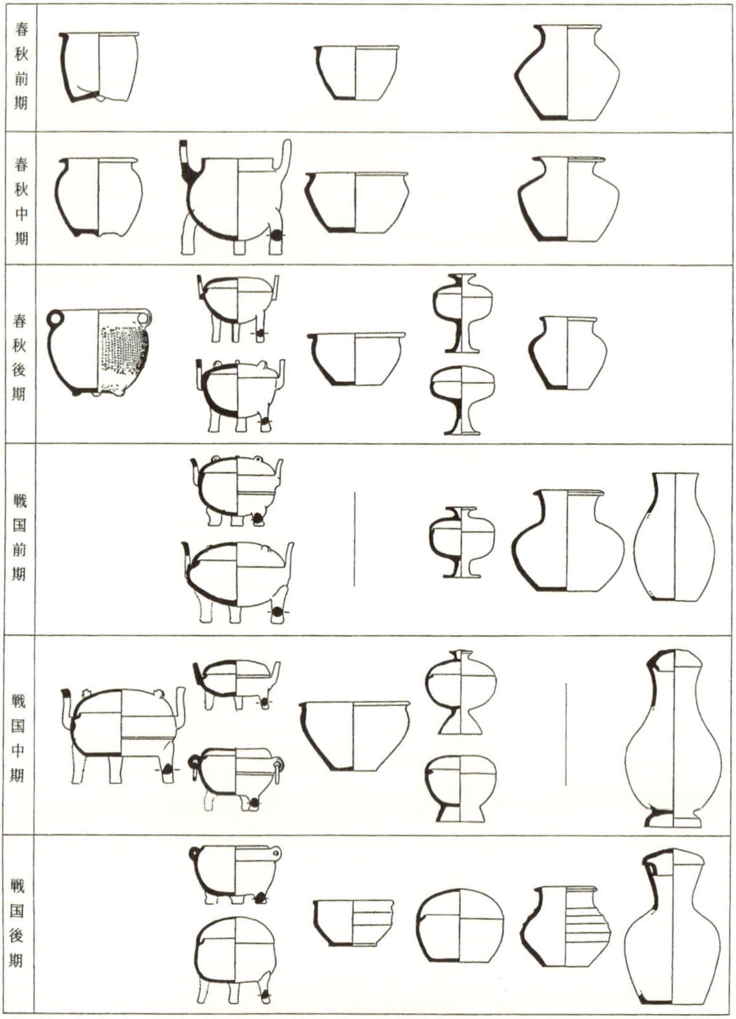

図 37　東周時代の土器編年図　洛陽市

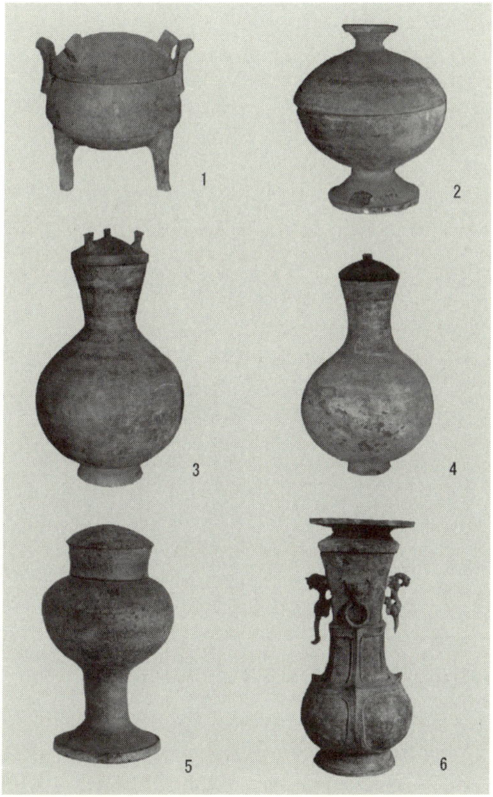

図38　東周時代の土器　1～4. 周国（洛陽博物館蔵）、5・6. 燕国（5. 東京大学文学部蔵、6. 中国歴史博物館蔵）

器の基本的な組合せは鼎・豆・罐からなっている。陶鼎と陶豆は青銅の鼎と青銅の有蓋豆の器形を模倣したもので、従来の鬲の代わりに三足の陶鼎が出現し、盆の代わりに陶豆が出現してくる。前5世紀中頃から前5世紀末の戦国時代前期に入ると罐に変わって壺が出現し、副葬陶器としての鼎・豆・壺の組合せが定着する（図38の1～4)。前4世紀を中心とした戦国時代中期に入っても、鼎・豆・壺の組合せに変化はない。前3世紀を中心とした戦国時代後期に入ると、鼎の耳がしだいに退化して方形から環形の耳に変化し、あるいは耳のない鼎が出現してくる。また豆の圏足と陶蓋の鈕も退化し、豆の器身部分だけの器形である盒が出現する。したがって組合せとしては、鼎・盒・壺が一般的となる。晋および後の韓・魏・趙（三晋）の地域における副葬陶器は、周の副葬陶器に準じた遺物が出土している。

2. 燕・齊の土器・陶器

春秋戦国時代の彩絵陶器の最も完成した遺物は、燕国の墓から副葬陶器として出土している。燕の副葬陶器には青銅禮器の器形と紋様を彩絵や刻画紋で丁寧に模倣したものがある。北京市昌平区松園村第2号墓出土の朱彩陶方壺は、春秋後期から戦国前期の青銅方壺の器形を忠実に模倣した彩絵陶である（図38の6）。図38の5に示した灰陶豆は、有蓋で高い圏足を有する燕独特の器形で、類似した器形の豆が燕領内で多数発見されている。

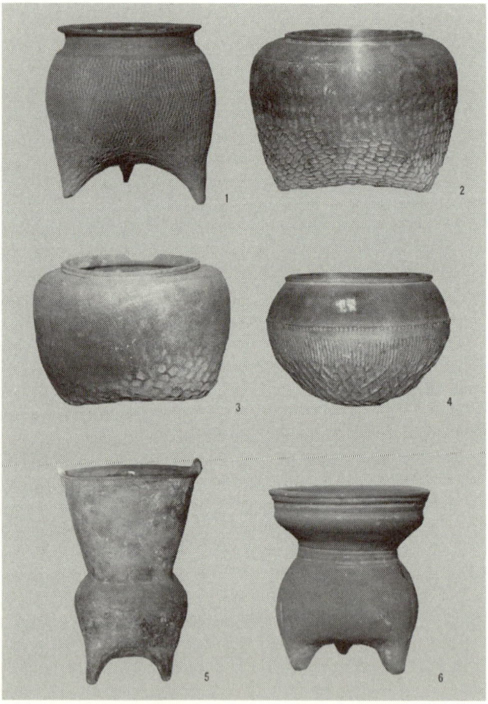

図39　東周時代秦国の土器　（1・6. 早稲田大学文学部蔵、2·4·5. 咸陽博物館蔵、3. 秦咸陽宮博物館蔵）

3. 秦の土器・陶器

秦の副葬された土器・陶器の内容は、周・三晋・燕の土器および陶器の内容といちじるしく異なる。春秋戦国時代の副葬陶器には灰陶に彩絵を施した遺物が多く、黒陶類はほとんど存在しない。秦では土器・陶器による青銅禮器の模倣が春秋時代の早い時期から行われ、周・三晋・燕に比較して早くに陶製禮器、つまり副葬陶器が出現している。陝西省宝鶏市の福臨堡遺跡の秦墓では、鼎・甗・簋・無蓋豆・方壺のみごとな副葬陶器の組合せが存在する。秦においても戦国時代の前期から中期には、鼎・豆・壺の副葬陶器の組合せが確立するが、秦の統一とともに鬲・鬴・盆・罐・繭形壺《けんけいこ》などの実用の土器が多く副葬されるようになり(図 39 の 1 ～ 4)、あわせて甗（図 39 の 5・6）の小型模型や陶囷や灶などの具象的明器が増加する。秦の統一は、政治的な現象にとどまらず、副葬陶器と明器の型式まで新しい変化をもたらしている。

4. 副葬陶器にみる政治的変化

春秋戦国時代の副葬陶器には春秋戦国時代の歴史的変遷が投影されている。春秋時代前・中期の副葬陶器は、秦を例外として他の諸国では禮制から外れた実用土器・陶器を用いた例が多い。これは周の王室を中心とした禮制の権威が保たれ、青銅禮器を土器・陶器に模倣することを安易に許さなかったことを意味していると考えられる。春秋時代後期から戦国時代に入ると、何れの諸国においても時期の早い遅いはあるが、青銅禮器を模倣した禮制陶器を作り、それを副葬陶器として墓に納めるようになる。この現象は、周王室の権威が衰えたため青銅器のもつ禮制上の権威が衰え、青銅禮器の器形を土器・陶器においても使用するようになったことを意味していると思われる。

第 5 節　春秋戦国時代の瓦当

窯で粘土を焼成した窯業生産遺物としては、土器・陶器のほかに瓦の類がある。西周時代に出現した瓦は、春秋戦国時代に入ると周・秦・燕・齊の領域で広く用いられるようになる。

春秋時代の半瓦当に関していえば、確かな資料が多数あるのは洛陽市

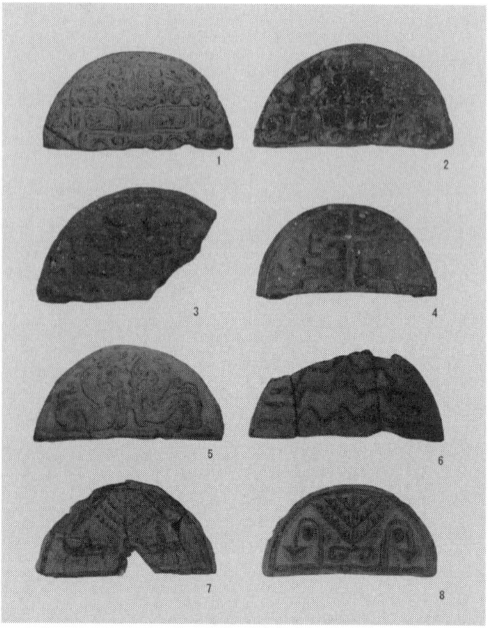

図 40　戦国時代の半瓦當　1～6.燕、7・8.齊

の東周故城の饕餮紋半瓦当と、秦雍城の縄紋半瓦当などに限られている。戦国時代の瓦資料は多く、半瓦当に関してみれば、燕の饕餮紋半瓦当や齊の樹木信仰・思想を表現した半瓦当が戦国時代の半瓦当を代表している（図40）。

秦の戦国時代瓦には、鳥獣紋円瓦当や葵紋円瓦当があり、これらは秦独特の瓦とみるこができる。戦国時代末から統一時代に出現した雲紋円瓦当は秦の瓦当の特色を示す遺物で、前漢時代の雲紋瓦当の紋様の祖形となっている。

第６節　春秋戦国時代の青銅遺物

青銅器

春秋時代から戦国時代にかけ、諸侯国において生産された青銅器はそれぞれの諸侯国の特色を示す。

青銅器の器形は禮器の中心となる鼎と簋のほかに、甗・方壺・壺・罍・簠・豆・盉・匜・盤・鑑・編鐘・鎛・錞などの器種・器形がある。

春秋時代中期から後期には、敦・有蓋豆・盆の器形が出現する。図41の1・2は甘粛省礼県大堡子山の秦公墓地から出土した鼎と簋で、秦建国期の遺物である。3は呉王夫差鑑と呼ばれている春秋時代後期の青銅鑑で、内壁に銘文があり、呉王の夫差が青銅を用いて自ら使用する鑑を鋳造した旨が記されている。4は山西省渾源県から出土した犠尊で、中央背中の穴に鍋形の容器を入れ酒を温めることができる。やはり春秋時代後期の遺物である。5・6・7・8は春秋時代後期から戦国時代を代表する青銅器の器形で、鼎と豆と壺を基本的な組み合わせとする時代の遺物である。5の鼎は、春秋時代後期から戦国時代前期にかかる時期の遺物である。6は戦国時代の典型的な有蓋豆である。7の壺には掛け紐の紋様が鋳造され、8の壺には桑摘や郷射や戦闘の図が象嵌され

図41　東周時代の青銅器　1. 鼎、2. 簋、3. 鑑、4. 犠尊、5. 鼎、6. 豆、7・8 壺（1・2. 大堡子山秦公墓、3・4・6. 上海博物館、5・7. 北京大学、8. 保利芸術博物館）

ている。

青銅器の紋様の面では、春秋時代前期に西周時代以来の竊曲紋・環帯紋・重環紋が比較的多く用いられるが、中期から後期に入るに従い蟠螭紋が増加してくる。戦国時代に入ると、蟠螭紋とならんで羽状紋を好んで用いるようになる。また戦国時代の青銅器には金銀の象嵌を施したものが存在し、青銅壺には、図41の8に示したような戦闘・車馬・怪獣・狩猟場面・祭祀場面を象嵌で描いたものもある。

鏡・貨幣

戦国時代の青銅遺物としては、禮器類のほかに鏡や貨幣がある。青銅鏡の出現は殷代まで遡るが、多くの遺物が残るのは戦国時代以降で、この時期の鏡は戦国鏡あるいは先秦鏡と呼ばれている。戦国鏡は薄くて平直な鏡胎で、匕縁と小さな半環形の鈕をもつが、複数の環鈕をもち金銀緑松石の象眼のあるものなどもある。戦国鏡は、禽獣紋・蟠螭紋・山字紋・花菱紋などの紋様が描かれ、青銅質がよく黒色の銹色を呈しているものが多い。

春秋戦国時代の青銅貨幣としては、貝貨・布銭・刀銭・円銭などがある。布銭は春秋戦国時代に最も流通した青銅貨幣で、種類も多く、魏国を中心に流通地域も広かったと推定される。布銭の起源はその形状から青銅の鋤・鍬にあると考えられる。刀銭は、銅製の刀子の類をその起源とする青銅貨幣で、齊・燕・趙の領域で流通している。以上の布銭や刀銭のほか、楚を除く大部分の地域で戦国後期に円銭が流通している。始皇帝以前の戦国秦においても円体方孔の半両銭が鋳造されている。戦国時代の楚では蟻鼻銭と呼ばれる青銅貨幣が流通した。

前5世紀の中頃を境として青銅器文化の様相が大きく変わる。戦国時代に入ると墓の副葬品に占める青銅器の割合が減少して、土器・陶器や漆器の副葬が増加してくる。戦国時代に入り鉄製農工具や鉄製武器が出現し、考古学的な時代区分のうえで鉄器時代に入るが、青銅器は金属材料の重要な役割を果たしていたと考えられ、青銅器文化の伝統は戦国時代にも継承されている。

第 7 節　春秋戦国時代の鉄器

1. 鉄器の出現と鉄

春秋時代から戦国時代にかかる時期に、新たに鉄製品が普及しはじめる。鉄そのものは殷後期・西周時代の鉄刃銅鉞や鉄刃銅剣の刃部に認められるが、これら刃部の鉄は多くが自然の隕鉄を利用した遺物と考えられている。中国において人工的に作られた鉄が出現するのは西周時代後期ないしは春秋時代初頭と推定される。戦国時代に入ると相当量の農工具などの鉄製品が生産されたが、鉄製の武器が青銅の武器に完全に取って代わるのは秦漢時代に入ってからである。人工的な鉄製器の出現からその普及までには 600 年近い時間を要しているが、一般的には戦国時代以降を鉄器時代と呼んでいる。

元素記号 Fe で表される鉄は比重 7.58、融点 1,535 度の金属である。炭素の含有量が 1.7 ～ 4.0％の鉄を銑鉄と呼び、この鉄は鋳型に流し込み、鋳物を作るのに用いられ、融点は 1,150 ～ 1,250 度である。銑鉄は堅くてもろく、鍛錬することはできず、一般的には刃物に用いることはできない。炭素含有量が 0.2 ～ 1.7％の鉄を鋼または鋼鉄と呼び、鋼は銑鉄にくらべ融点が高く、1,300 ～ 1,400 度である。鋼は鍛造によって刃物を作るのに適しており、焼き入れ、焼き戻し、焼きなましができる。炭素の含有量が 0.2％以下の鉄を錬鉄と呼ぶが、焼き入れ効果はなく、融点は約 1,500 度と高い。鉄の原鉱石は地球上にきわめて広く分布し、磁鉄鉱、赤鉄鉱、褐鉄鉱、硫化鉄鉱などがある。

2. 春秋時代の鉄器

河南省三門峡市上村嶺にある虢国《かくこく》墓地の西周時代後期に属するとされる M2001 号墓からは鉄刃戈と玉柄鉄剣が出土し、戈の鉄刃部分は錬鉄を鍛造したものであるといわれ、玉柄鉄剣の鉄刃は浸炭法を用いた錬鉄製品であるという。陝西省韓城市の前 8 世紀頃とされる梁帯村 M27 号墓から出土した鉄刃刀と鉄刃戈は、鉄刃を青銅の柄にはめ込んだものであるが、その鉄刃も浸炭法を用いた錬鉄製品であるという。この錬鉄は原始的な製錬で得られたものと推定される。現在発見されている資料からみると、西周時代後期から春秋時代初頭にすでに人工冶鉄製品が出現している。春秋時代後期には鉄の製錬技術が初歩的に進歩し、江蘇省六合程橋遺跡、湖南省長沙市龍洞坡遺跡、湖北省常徳県徳山遺跡からは鉄削、鉄鍤、鉄錛などの遺物が発見されている。中国における出現期の鉄の多くは錬鉄浸炭法製品であるが、長沙市楊家山の楚墓から出土した鉄剣は鋼鉄製で、鉄鼎は鋳鉄製品であった。一般的に中国における鉄生産は鋳鉄製品が鋼鉄製品の鍛造に先行して生産されたと考えらたこともあるが、現在では錬鉄浸炭法の製品が早くに作られ、まもなく銑鉄による鋳造も開始されたと推定されている。

3. 戦国時代の鉄器

戦国時代に入ると鉄生産技術は飛躍的に発展したと考えられ、戦国時代中・後期入ると鉄器遺物の数も増えてくる。この時期の鉄製遺物を出土する範囲は、齊・燕・秦・韓・趙・魏・楚国などの領域に及び、鉄製遺物には斧・錛・鑿・刀・削・錐・犂・钁《かく》・鋤・鍬・鎌・剣・戟・矛・鏃・鼎・盤などがあり、生産工具・武器・生活用具にいたるまで鉄で作られるようになっている。しかし、鉄製品の中では農工具が多く、武器遺物の発見例は相対的に少ない。

湖南省長沙市の戦国時代楚墓からは、多くの鉄製遺物が出土している。農具には鋤・鍬(図42の2)があり、工具には各種斧・刀子類・鑿があり、武器に剣・戈・戟がある。鉄剣は鋼鉄を用いて鍛造で製作され、焼き入れ、焼きなましも行われ、楚の鉄生産が盛んで鍛造技術の水準が高かったことを物語っている。

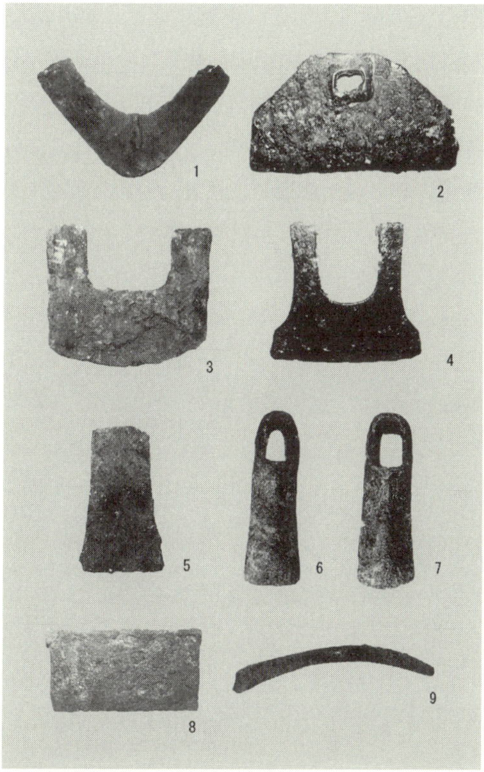

図 42　戦国時代の鉄器
1. 犂、2. 鍬、3・4・8. 鋤、5. 鏟、6・7. 钁、9. 鎌

河南省輝県の固圍村からは比較的多くの鉄器が出土し、魏国の遺物と推定されている(図42の1・3〜8)。図42の1は犂鏵で最長幅23.5cmほどの大きさで戦国時代の典型的な犂の形をしている。3・4は鋤で、5は鏟と呼ばれる土掘り具、6・7は钁で、8は鍤《そう》と呼ばれる鋤の刃部である。9の鎌は鄭・韓国故城出土の遺物である。

鉄製品を生産した戦国時代に属する鋳鉄遺跡は河南省新鄭県の鄭・韓国故城内や登封県の韓国陽城で発見され、各種陶笵が出土している。河北省興隆県の古洞溝付近一帯の燕国の遺跡から発見された鉄笵は40対

87点あり钁笵、鍬笵、鎌笵、鑿笵、車具笵などがあった。これらの鋳型は鋳鉄で作られた笵で、鉄笵に鋳鉄を流し込み鉄製農工具を製作している。この種の笵は連続使用に耐え、生産効率が良く、脱炭が容易で、優れた鋳造技術を示している。銑鉄による鉄器鋳造は、鍛造による鉄器生産にくらべ、飛躍的に鉄製品の大量生産を可能にしたと考えられ、また複雑な形の器物の生産を可能にしたと推定される。

第8節
戦国時代の漆器

中国における漆の使用は新石器時代前期に遡ると考えられ、殷代・西周時代の遺物も知られる。しかし一定の技術水準に達した漆器生産手工業が普遍的に存在したのは春秋時代後期以降と推定される。漆製品の出土範囲は長江流域から黄河流域に及んではいるが、戦国時代の出土漆器資料は圧倒的に長江流域の遺物が多い。

戦国時代の楚墓や曽

図43　戦国時代の漆器　1・2. 衣箱、3. 耳杯、4. 豆、5. 双連杯、6. 座屏、7. 豆、8. 漆棺（1・2. 曽侯乙墓、3. 望山2号墓、4・5. 包山2号墓、6. 望山1号墓、7. 雨台山18号墓、8. 曽侯乙墓）

国墓からは副葬品として多くの漆器が出土している。曽侯乙墓からは墓主の内外棺（図43の8）のほか、漆衣箱など多数の漆木器類（図43の1・2）や楽器類が出土している。戦国時代中期に属する漆器類も多数出土している。図43の3は湖北省荊州市望山2号墓から出土した彩漆耳杯で、内側に朱漆を、外側には黒漆を塗り、外側口縁部に朱漆で紋様を描いている。4・5は荊州市包山M2号墓から出土した彩漆帯流杯と双連杯である。6は荊州市望山1号墓から出土した彩漆木彫小座屏で、彫られた鳳凰・鳥・鹿・蛇の図案は楚文化において好んで用いられたものである。7は荊州市雨台山M264号墓出土の漆木豆で、盤の外側と圏足に朱漆と黒漆で蟠螭紋・波紋などの紋様を描いている。

漆器の生産は戦国時代に入ると増加するが、特に戦国時代中期以降に飛躍的に生産量が伸びたと考えられる。技術的にも戦国時代中期以降の漆器には薄板胎や夾紵胎《きょうちょたい》（漆の芯に布を貼り重ねて造った漆器）のきわめて軽い精巧な遺物が多い。戦国時代の漆器遺物は湖北・湖南省の楚国の領域および楚国に隷属していた領域から出土する遺物が圧倒的に多く、楚においていかに漆器の生産が盛んであったかを示している。

第9節　考古学からみた春秋戦国時代の歴史的意味

春秋戦国時代は、諸侯・列国が覇権を争った時代である。この時代のひとつの特色は、各種手工業や農業生産が戦国時代に入って拡大発展し、貨幣経済が開始されたことである。また、この時代の最も重要な事柄は鉄製品の出現である。農業生産が伸びた背景には鉄製農具の存在が在り、楚・秦・燕・齊が七雄のひとつに数えられる強国になった背景には、他国に先んじて若干の鉄製武器を使用していた可能性を考えることもできる。鉄生産が開始された直後には錬鉄浸炭法の製品があるが、まもなく銑鉄による鋳造も開始されたと推定される。楚の領域では春秋後期に鍛造の剣が出土している。戦国時代に入ると鋳鉄による農工具等の生産が盛んになり、燕の遺物がそれを示している。しかし、鉄製の各種利器が青銅の各種利器を完全に圧倒するのは秦漢時代に入ってからで、この時に中国の統一という歴史的な大きな変換がある。春秋戦国時代は、次の秦漢帝国出現の基礎が作られた重要な時代である。

第5章

秦 漢 時 代

―鉄器時代Ⅱ―

第1節　秦漢帝国の出現とその文化

秦始皇帝の出現によって前221年、中国に統一国家（古代中央集権国家）が出現し、文字・貨幣・度量衡・法律などの統一が行われた。法律（秦律）や行政文書は秦の文字（篆書）で竹簡に書かれ、その竹簡や木簡が湖北省雲夢県睡虎地遺跡や湖南省龍山県里耶遺跡から出土している。やがて前漢武帝による大漢帝国が成立し、統一国家による統一した文化が不動のものとなる。秦始皇帝の軍事力を鉄の生産が支えたであろうことは想像に難くないが、青銅武器もみられる。前漢の武帝時代に入ると鉄製農工具と鉄製武器のいちじるしい増産が開始された。漢の鉄文化はやがて東アジア世界に拡大し、大きな影響を与えた。倭人が後漢の光武帝から「漢委奴国王」の金印をうけたのもその頃のことである。

第2節　秦咸陽城と前漢長安城・後漢洛陽城

1. 秦咸陽城

秦の都であった咸陽城の遺跡は、陝西省咸陽市にある。秦咸陽城は始皇帝以前の前350年に造営が開始されているが、始皇帝時代にも修復拡

図 44　阿房宮前殿の版築基壇
西安市未央区

張を重ね、統一国家の国都としての機能をもつようになった。統一秦時代の咸陽城の平面形は定かではないが、宮殿区の保存状態は比較的好い。秦咸陽城の範囲は、渭河北岸の咸陽市窯店鎮を中心に西安市西北の漢長安城の北側まで、東西約 7km、南北約 7km の範囲と推定される。

渭河北岸の咸陽市窯店鎮付近から東の劉家溝村にかけては多くの大型建築址が発見され、宮殿区に相当するものと考えられている。渭河の沖積面から窯店鎮の黄土台地に上がる切り通しの両側には、建物基壇の版築土層、瓦堆積層、切断された各種陶製下水管などが露出している。

秦咸陽城からは戦国時代から統一秦時代の遺物が発見されている。それらには葵紋瓦当・雲紋瓦当・平瓦・塼・陶製水道管・陶製井戸枠・壁画残片・蝶番などの建築材料、鬲・罐・釜・壺・盆などの土器、鑑・盆・釜などの青銅器、戈・矛・鏃などの青銅武器、半両銭・金餅などの貨幣など、多種多様の遺物が含まれている。始皇帝は前 212 年に渭河の南岸に東西五百歩（約 690m）、南北五十丈（約 115m）と伝えられる阿房宮の造営にかかったといわれている。この建物は一万人を収用できたと伝えられる。陝西省西安市未央区阿房村には阿房宮前殿の版築基壇が残っている（図 44）。その版築は土柱状に版築の単位が残り、一本一本の土柱には横帯として版築土層がみられる。

2.　前漢長安城

前漢の首都である長安城は現在の西安市未央区に遺跡を残し、現在も

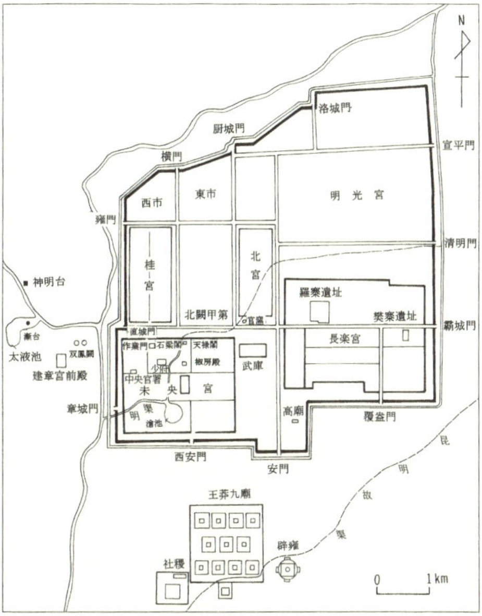

図 45　漢長安城址図
（中国社会科学院考古研究所 2010）

中国社会科学院考古研究所の全面的な調査が行われている。平面形は一見不正形であるが、その形は正方形を基本とし、城壁は黄土を版築する工法で造営されていて、南壁と東壁の残りが比較的よい。南城壁は安門を中心に南に凸出し、東城壁は直線で北上し、西城壁は直城門付近で折曲し北上する。北城壁は北を流れる川に沿って曲折しながら西南方向から東北方向に走っているが、北城壁の屈折を北斗七星になぞらえて漢長安城を斗城と呼ぶこともある。城壁の長さは東城壁 5,940m、南城壁 6,250m、西城壁 4,550m、北城壁 5,950m である。文献資料によれば、長安城の東西南北の各城壁にはそれぞれ 3 つの城門があったという。また城内南西には未央宮が、南東には長楽宮が、北東には明光宮が、城内西よりの未央宮の北には北宮と桂宮があった（図

図 46　漢長安城の長楽宮四号建築址

45・46)。

城外の南では社稷・辟雍・王莽九廟などの禮制建築が発見されている。禮制建築の中で特に注意すべき辟雍遺跡は、現在の西安市蓮湖区大土門に位置している。辟雍は皇帝が城外に設けた大学である。辟雍遺跡は中心建築、囲壁・四門・曲尺形部屋、水溝の3部分からなっている。この建築址は、幅約2mの水溝によって区画された直径368mの大円圏と、その中央に区画された一辺235mの正方形の版築土壁による大庭院と、その中央の直径62mの円形大基と、その上に立てられた平面亜字形の建物からなっている。

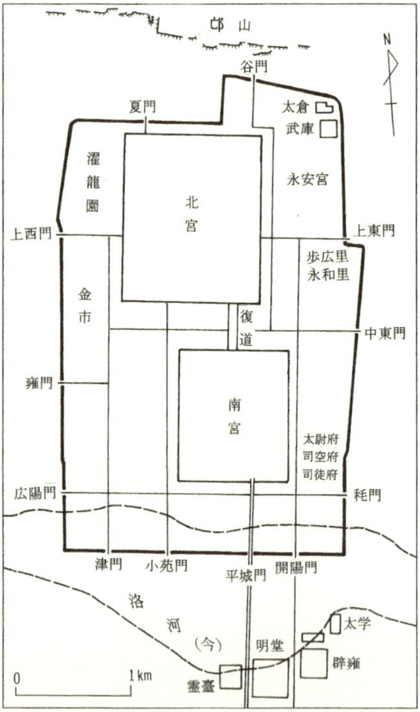

図47　後漢洛陽城の復原図
(中国社会科学院考古研究所 2010)

城内中央の武庫址からは剣・短刀・矛・戟・鏃・鎧片などの鉄製武器が出土し、また北西隅の西市では鋳鉄遺跡が発見されている。城内には宮殿や武庫・市が造営され、庶民のための居住建造物を立てる場所はなかったと考えられている。長安城は宮城・皇城からなる都城の性格が強く、宮城を本拠とする皇帝の生活空間と、政務・行政・公的経済活動以外の都市機能の多くは城壁外にあったと推定される。ここは、中央集権国家の権力の頂点に座った皇帝のために造営された都城といえる。

3. 後漢の洛陽城

後漢の都であった洛陽城の遺跡は、今日の河南省洛陽市の東約 15km に残っている。そこは洛陽盆地の中心に位置し、北に邙山を望み、南は洛河に臨んでいる。洛陽城は魏・西晋・北魏においてもその地が都として用いられ、漢魏洛陽城の名で呼ばれている。今日地上部に残る遺構は北魏時代の遺構が多く、南は洛河による浸食を受けている。

都城の大きさは南北約 4,000m、東西約 2,550m であったと推定される。古典文献の記載から、後漢の洛陽城には南城壁に4門、東城壁に3門、北城壁に2門、西城壁に3門があったと考えられている（図 47）。城内には北宮と南宮があった。南壁外には霊臺・明堂・辟雍・太学の重要な建物の建築址が残る。

第3節　秦の始皇陵と兵馬俑坑

1. 始皇陵

秦始皇帝を埋葬した始皇陵は陝西省西安市臨潼区の東 5km の驪山の北麓にある。この陵は前 246 年に始皇帝が 13 歳で即位し、その翌年から造営が開始されたという。このように生前に造営しておく墓を寿陵と呼ぶ。

始皇陵は東西数 km の陵区を有し、陵区内に墳丘・陵園・寝殿・便殿・陪葬区・兵馬俑坑・各種陪葬坑が造営されている。陵は正方形の二重の方錐台形と推定される墳丘で、墳丘は内城・外城の二重の牆壁に囲まれ、城内外からは多くの建築址や副葬品を埋納した叢葬坑（陪葬坑）が多数確認され、特に外城の東方では多数の陪葬と3基の兵馬俑坑が発

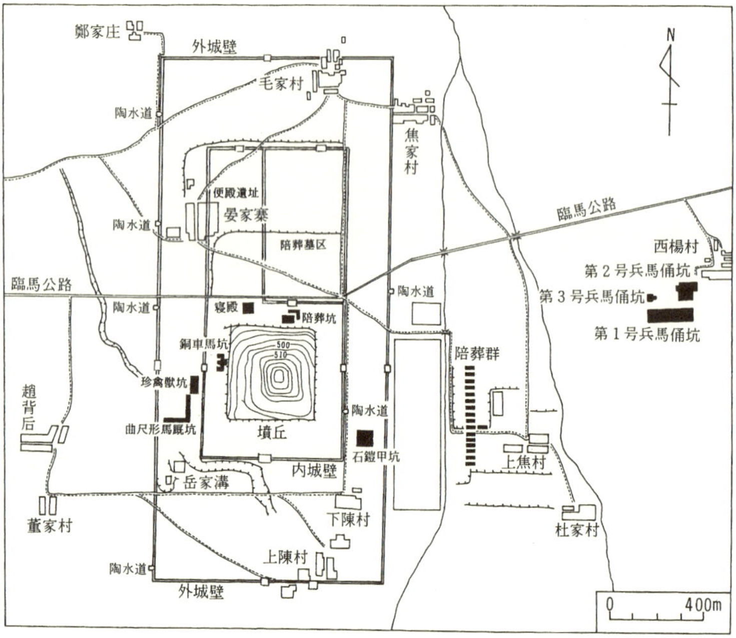

図 48　秦始皇陵陵区図（筆者作図）

見されている（図 48）。外城は南北に長い長方形で、東西 974.2m、南北 2,173m の巨大な面積を占めている。内城は外城と相似形の長方形を呈し、東西 578m、南北 1,368m の大きさである。墳丘の大きさは東西 345m、南北 350m で、南に高く北に低い緩かな斜面に墳丘が位置するため高さは一定でなく、35.5 ～ 41.5m が計測されている（図 49）。

図 49　秦始皇陵の墳丘　西安市臨潼区

墳丘下の墓壙底部には地宮、つまり墓室がある。墓壙は四方に墓道をもつ亜字形の墓と推定され、墓室は黄腸題湊の可能性が高い。墳丘東側の 3 カ所で地下門道が発見されている。墳丘北側下部からは塼築の護壁が発見され、その中央には地下入り口と羨道があるが、西側にも羨道がある。西側羨道付近の大陪葬坑の中央部南側で銅車馬坑の試掘が行われ、2 台の銅車馬がみつかっている。

内城内からは多くの大型建築址が発見され、墳丘北側の内城内の墳丘北西側に隣接して発見された建築址は、御霊が政務と生活をするために建てられた寝殿と推定されている。内城北西側半分は便殿などの建物があった可能性が高い。寝殿とは黄泉における大朝の場であるが、寝殿を墳丘下の平坦面に造営する割付は、この後、前漢陵寝制の基本的な形となる。始皇陵造営の基本思想には、皇帝の御霊が生前と同様に生活し政務を司ることのできる空間を形成する観念が存在していたとみることができる。

2. 兵馬俑坑

始皇陵の兵馬俑坑は東側外牆壁の東方 1,225m 付近にある。

1 号兵馬俑坑は平面が長方形で、東西の長さ約 230m、南北の幅約 62m、深さ 4.5 ～ 6.5m の大きさをもち、陶俑と陶馬約 6,000 体が長方形の陣形を形作って納められている（図 50）。坑内には牆壁があり、床面には塼が敷き詰められ、両側には柱が立てられ、その上に梁と桁が渡されて洞となっていた。東の門道内側には 1 列 72 体からなる 3 列横隊、216 体の武人陶俑が東を向いて並んでいた。この武人陶俑の背後西側には、さらに武人陶俑と戦車を引く陶馬があり、1,700 体以上の武人陶俑、88 匹以上の陶馬、木質戦車 22 輌がすでに発見されている。

2 号兵馬俑坑は平面形が曲尺形を呈し、俑坑の東西最大長は 96m、南北最大幅は 84m の大きさである。発掘が終わった試掘坑内には木質戦

図 50　1 号兵馬俑坑　西安市臨潼区秦始皇陵

車 11 輛、車士陶俑 28 体、引戦車陶馬 67 体、騎兵陶俑 32 体、鞍陶馬 29 体、歩兵陶俑 163 体の発見があり、いずれの陶俑も東を向いていた。

3 号兵馬俑坑は「凹」字形を呈し、東西 17.6m、南北 21.4m の大きさがあった。東を向く木質戦車 1 輛と陶馬 4 匹、68 体の武人陶俑が置かれ、司令部を形成していると考えられている。

これら 3 つの兵馬俑坑に埋納された陶俑は、始皇帝の近衛兵軍団を表現していることは顕かである。

第 4 節　漢の皇帝陵と大型墓

1．前漢の皇帝陵と前漢の大型墓

前漢王朝の 11 基の皇帝陵のうち 9 基の陵は、西安市北方の渭河北岸の台地である咸陽原の上に、あるものは皇后陵を伴って累々と並び、別に2基の王陵は西安市の東南に造営されている。つまり、咸陽原には高祖長陵・恵帝安陵・景帝陽陵・武帝茂陵・昭帝平陵・元帝渭陵・成帝延陵・哀帝義陵・平帝康陵の9陵があることになる。また、漢長安城南東の白鹿原には文帝霸陵が、杜東原には宣帝杜陵が造営されている。咸陽原の9陵のうち、長陵・安陵・陽陵・茂陵・平陵の5つの陵には近くに陵邑が造営され、霸陵・杜陵の北にも陵邑が営まれている。このほか前漢王朝に隷属する諸王や丞相一族の墓としては、北京市豊台区の大葆台漢墓、河北省満城県の満城1号漢墓、湖南省長沙市の馬王堆漢墓、同じく長沙市の長沙国王墓と推定される象鼻嘴1号漢墓などがあり、大型漢墓の好資料としてよく知られている。

2. 陽　陵

前漢4（6）代目の景帝は、前156年から前141年まで帝位にあったが、死後は陽陵に埋葬された。景帝の陽陵とその陵区は咸陽原の前漢帝

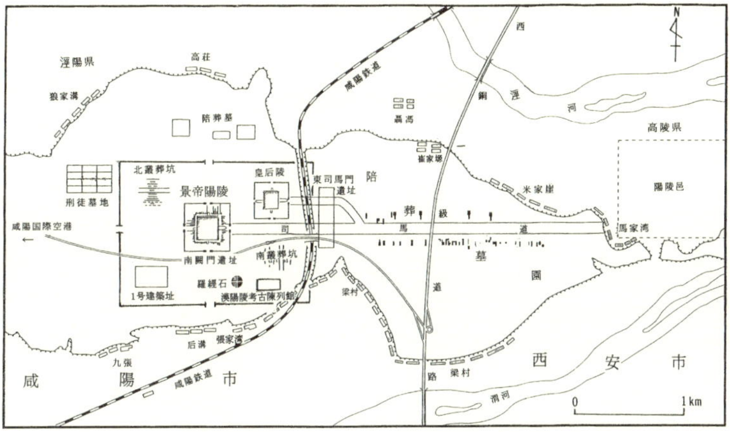

図51　漢陽陵陵区平面図（「漢陽陵導覧図」より筆者作図）

陵群の中でいちばん東の陝西省咸陽市渭城区正陽鎮から高陵県に広がる台地上に位置し、南に渭河が、北には涇河が流れている（図51)。陽陵の陵区は東西約5km、南北約3kmに及ぶ広大な面積を占めている。

墳丘は方錐台形で、底部における各辺長は160m、高さ31.8mの大きさで、平面正方形の牆壁に囲まれた陵園の中心に位置している。陵園は一辺410mほどで、東西南北の四方に門闕遺構を残し、門闕遺構には塼敷面、雨垂石敷面の露出が認められ、瓦・塼など建築材料の堆積があった。帝陵の東北後方には皇后陵が存在し、景帝陵から東に向かって約4kmの司馬道が伸びている。

帝陵の東、皇后陵の南には24基の陪葬坑（叢葬坑）群があり、17・20・21号陪葬坑からは多数の彩絵裸体武人陶俑や武人陶俑が発見されているほか、車馬・倉庫・食料・家畜などの明器も多数発見されている。帝陵の南には、回廊に囲まれた羅經石や禮制建築群遺構があり、この付近に寝殿が造営されていた可能性が高い。羅經石は陽陵造営の測量基点ともいわれているが、大型建築の礎石である可能性も高い。司馬道の東端北側には、広大な陽陵邑があり、司馬道の南北には陪葬墓園が広がっている。陽陵邑では建物・排水溝・貯蔵穴・灶・道路など市街遺跡に伴う各種の遺構が発掘され、漢代市街地遺構のまれな資料となっている。前漢王陵の陵区の典型的な割付を理解するうえでは、陽陵は条件の整った遺跡といえる。

図52　武帝茂陵と李夫人墓

3. 茂　陵

前漢5（7）代目の武帝が埋葬されている茂陵は、陝西省興平市南位鎮、渭河北岸の咸陽原上にある。東西の幅229m、南北の長さ231m、高さ46.5mの方錐台形状の大墳丘である。墳丘を取り囲む陵園も方形を呈し、東西幅430m、南北長さ414mの面積を有し、東・西・南・北の四方には土盛状の門闕址が存在する。門闕の周囲には瓦・塼・焼土などの建築堆積物が認められる。

茂陵の西北約500mには武帝の正室である李夫人陵があるが（図52）、茂陵と同じ方錐台形である。茂陵の東門闕からは東に延びる司馬道が設置され、茂陵から1,000～2,500mの司馬道の両側には霍去病墓や霍光墓などをはじめとして、陪葬墓が累々とならんでいる。

4. 前漢皇帝陵の割付

秦始皇陵に始まる帝陵の割付は、景帝の陽陵、武帝の茂陵にいたって完成したとみることができる。皇帝陵を中心に、北側に寄せて皇后陵を配置し、皇帝陵を牆壁で取り囲み、東西南北の四方に門闕を作り、東門闕から東に向かう司馬道を設置している。皇帝陵の牆壁外の陵区には禮制建築（寝園・廟園）、陪葬坑が造営されている。また司馬道の南北の陵区内には陪葬坑と陪葬墓が配置され、また前漢の7基の皇帝陵は広大な陵邑を造営している。これらの帝陵にみられる諸施設の配置が、陵寝制度による前漢皇帝陵の基本的な割付といってよいであろう。

5. 漢代の諸侯王墓

大葆台1号漢墓

北京市豊台区で発見された大葆台1号漢墓は、武帝の孫である広陽国（燕国）の頃王劉建の墓といわれ、高さ8m、東西50.7m、南北90mの墳丘をもち、同一墳丘の西部に王后の墓である2号墓を従えている。1号墓の墓壙は平面が中字形を呈し、東西の通長は77.6mほどあった。

墓壙は墓口で南北 26.8m、東西 21.2m、墓底で南北 23m、東西 18.3m の大きさで、深さは 4.7m ほどであった。墓壙内には木材で構築された二重の回廊の内側に、槨となる墓室が黄腸題湊で構築されていた（図 53

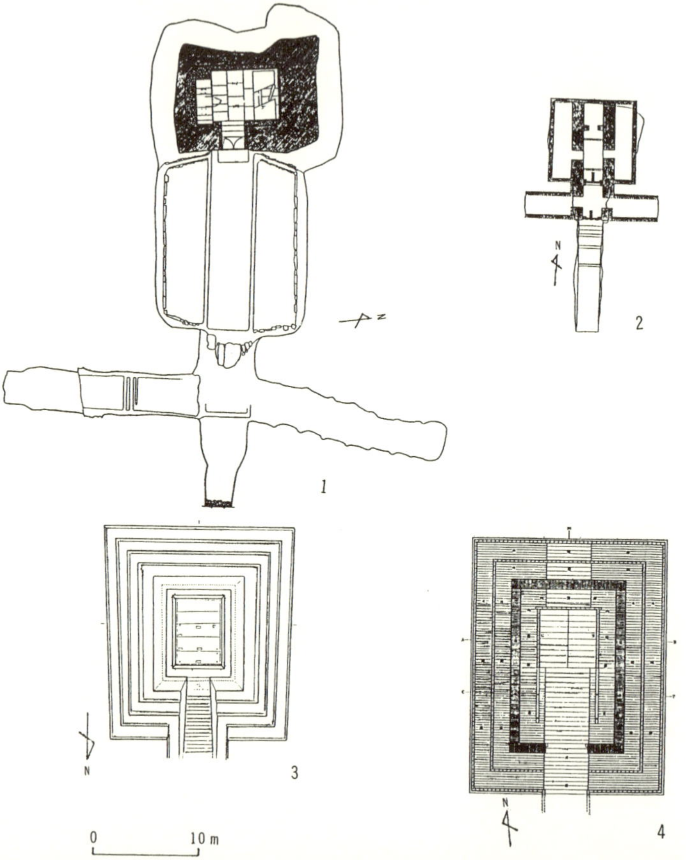

図 53　漢代の大型墓　1. 満城 1 号漢墓（中国社会科学院考古研究所・河北省文物管理處 1980）、2. 南越王墓（広州市文物管理委員会・中国社会科学院考古研究所・広東省博物館 1991）、3. 馬王堆 1 号漢墓（湖南省博物館・中国科学院考古研究所 1973）、4. 大葆台 1 号漢墓（大葆台漢墓発掘組・中国社会科学院考古研究所 1989）

の4)。墓室は南に口を開く甲字形を呈し、黄腸題湊に用いられた木材は柏木（スギ科の常緑喬木の一種）の角材であるが、一般に長さ0.9m、幅10m、厚さ10mの大きさで、その角材を壁面に直角となる小口に積み上げていた。また、南墓道には3輌の車馬が置かれていた。墓室に置かれた棺槨は2槨3棺で、内棺からは50歳前後の男性人骨が発見されている。副葬品は850点に及び、それらには鼎・鈁・壺・罐・耳杯などの陶器、鏡・五銖銭などの青銅器、璧・璜・環などの玉器、耳杯・奩・弓などの漆器、絹・刺繍などの織物類があった。

馬王堆1号漢墓

漢代の大墓では木槨内に木棺を納めた墓が一般的である。湖南省長沙市五里牌外の馬王堆1号漢墓は長沙国丞相軑侯利蒼の妻の墓といわれているが、この漢墓は自然の丘陵を利用してそこに7～8mの土盛りをしいる。墳丘は基底部の直径約50～60m、高さ約16mで、墳頂には直径約30mの平坦面が作られ、その頂上に竪穴墓室を掘り込んでいる。墓室は南北19.5m、東西17.8m、深さ約15mの巨大な竪穴で、その底に主体部が置かれていた（図53の3)。

主体部は二重の木槨と四重の木棺から構成され、槨は巨大な木材を「井」形に組み、大きさはいちばん上の蓋板で長さ6.73m、幅4.81m、側面での槨の高さ2.8mであった。槨の中央には重なり合う四重の木棺が納められ、いちばん外側は黒漆塗りで紋様のない棺、2重目は黒漆の地に彩絵を描いた棺、3重目は朱漆の地に龍などの彩絵を描いた棺、4重目は黒漆の地に絹や羽を貼り付けて飾った棺で、その中に遺骸が納められていた。その被葬者は高齢の夫人で、遺骸は「湿屍」と呼ばれる特異な状態に変化して良好な保存状態であった。この墓からは多くの副葬品が出土しているが、彩絵帛画や各種の絹織物、鼎・鈁・鐘・盒などの漆器、竹簡類が注目されている。

満城漢墓

自然の岩山に巨大な横穴を掘削して墓とした例としては、河北省満城県の西郊で発見された前漢に属する満城1・2号漢墓がある。1号漢墓は前漢の武帝の庶兄である中山靖王劉勝《りゅうしょう》（前113年没）の墓と考えられ、また2号漢墓は劉勝の妻・竇綰《とうわん》の墓と考えられている。これらの墓は陵山と呼ばれる高さ180mほどの山の東斜面の岩盤を掘削して構築した横穴である。墓の平面形は「早」字形を呈し、墓道・甬道・北耳室・南耳室・中室・主室（主棺室・後室）・側室・回廊からなる（図53の1）。1号墓は全長51.7m、最大幅37.5m、高さ6.8mの巨大な墓で、主棺室は、いちばん奥に存在し、主棺室を回廊が取り巻いている。両墓の墓道を除く各室には大量の副葬品が納められていた。

それぞれの主棺室からは被葬者にまとわせた金縷玉衣が発見されている。玉衣は漢代皇帝や王・高級貴族の葬服で、玉片を金縷・銀縷・銅縷・絲縷などで綴ったものである。漢代には遺骸に玉衣をまとわせることで、遺骸の腐敗を防ぐことができると信じていた。完全な形で玉衣が発見されている例は、この2墓のほかに、河北省定州市40号漢墓、江蘇省徐州市獅子山漢墓、広州市南越王墓などがあり、残片の発見例も加えると40例ほどが知られている。

南越王墓

南越国は秦滅亡後の前203年から93年間にわたり広東・広西両地区・ベトナム北部にあった越人の国で、今の広州（番禺）に都を置いていた。前漢の武帝は元鼎五（前112）年の秋、大規模な討伐軍を南越国に向かわせ、前111年に番禺は陥落し、南越国は滅んでいるが、南越国第2代の趙胡・文帝の墓が広州市象崗山で発掘されている。この墓は花崗岩の小山に墓壙を掘り、平面「早」字形の墓室を築造していた（図53の2）。墓全体の構造は、基本的に墓道と7つの墓室からなっていた。

墓室全体は南北全長10.68m、東西幅12.24mの大きさをもち、墓道の長さは10.46mであった。墓門の前面には外蔵槨が作られ、墓門の奥の墓室群は前室とその東西の東耳室・西耳室、前室の奥に連なる主棺室と後蔵室、主棺室の東西の東側室・西側室から構成されていた。主棺室からは「文帝行璽」と刻まれた金印が出土し、この墓が南越国王・趙胡の墓であることを示す遺物であった。主棺室の中央には漆塗りの棺と漆塗りの槨が置かれた痕跡が残っていた。棺内には絲縷玉衣をまとった被葬者が納められ、棺槨の内部と周辺には戈・弩・鏃などの青銅武器、剣・矛・戟などの鉄製武器、璧・帯鈎・印などの玉器が納められ、東側室には、南越王の4人の夫人が殉葬されていた。

第5節　秦漢時代の遺物と文化

1. 秦漢時代の遺物の多様化

中国の歴史が春秋戦国時代に入ると考古学的に取り扱うべき遺物が、それ以前の時代に比較して一段と増加したことはすでに述べたが、秦漢時代に入ると取り扱うべき遺物は、さらに飛躍的に増加する。同時に、青銅器・鉄器・土器・陶器・瓦・玉器・漆器・木器・織物・自然遺物など遺物の内容が、多種、多様化してくる。青銅器においては、若干の禮器のほか、容器・武器・車馬具・建築部材・俑・貨幣・鏡・印章などがみられる。窯業遺物には陶俑や各種明器のほか、多くの実用の土器が知られ、塼・瓦や封泥がある。漆器の類には食器のほか、調度品や棺がある。鉄器の使用が普遍化し、農工具のみでなく武器にまで行き渡る。西域やその他の中国各地からは、竹木器・織物・自然遺物の出土も多く伝えられている。墳墓から出土する動物・鳥の骨・果実の種・穀物などの自然遺物は、漢代の食生活を再現してくれる。

2. 貨　幣

図 54　秦の半両銭（統一秦）
左．表、右．裏（直径 3.4cm、重 8g）

秦の始皇帝によって貨幣の統一が行われ、それまで他の6国で流通していた布銭・刀銭・各種円銭の類は禁止され、戦国時代以来秦が発行してた半両銭が改めて鋳造され、全国に流通するようになった。図 54 は統一秦時代の半両銭で直径 3.4cm、重さ 8 g であるが、この半両銭はその青銅の重さをその貨幣の価値、つまり半両とする実体貨幣であったといわれている。

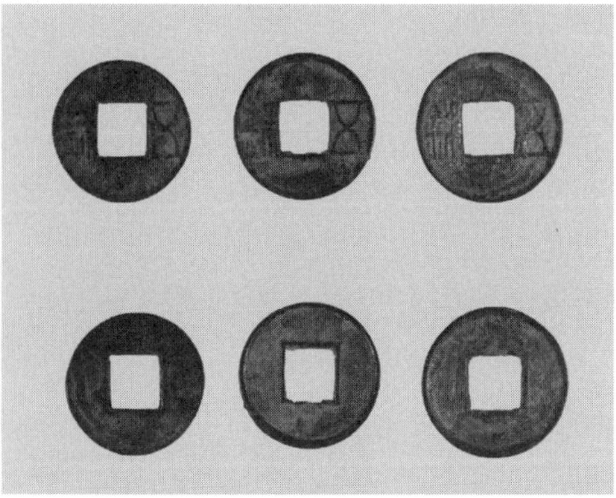

図 55　前漢武帝時代の五銖銭　上・表、下・裏

図 55 は前漢の五銖銭で、直径 2.4cm、重さ約 3.3g ある。五銖銭は前漢武帝の前 119 年から鋳造が開始され、その後約 700 年間にわたって隋朝の時まで各種の五銖銭が発行された。前漢武帝の五銖銭は完全な名目貨幣で、五銖銭の経済的裏付けは漢王朝の経済的な信用であった。名目貨幣の出現は青銅貨幣という考古学的遺物のうえに現れた、古代文明の終了を示す現象としてとらえることができる。

3. 鉄　器

前漢の武帝時代の前 2 世紀後半に入ると、鉄製農工具のいちじるしい増産が開始される。漢代の製鉄遺跡・鉄器遺物は、漢代が本格的な鉄の時代に入っていたことを示している。山東省淄博市の臨淄故城における漢代の製鉄遺跡の面積は 400,000m^2 以上で、これは同じ遺跡の下層に残る戦国時代の齊国臨淄故城における製鉄遺跡面積の 8 ～ 10 倍に当たる。このように漢代に製鉄遺跡の規模が拡大する傾向は、多くの遺跡で確認されている。河南省鞏義市で発見された鉄生溝製鉄遺跡は、20,000m^2 の面積をもち、鉱石加工場、冶煉炉・鋳造炉・住居址などの遺構が発見されている。漢代の鉄生産技術が鍛造や鋳造のほか、鉄の浸炭や脱炭において優れた技術を有していたことも知られている。

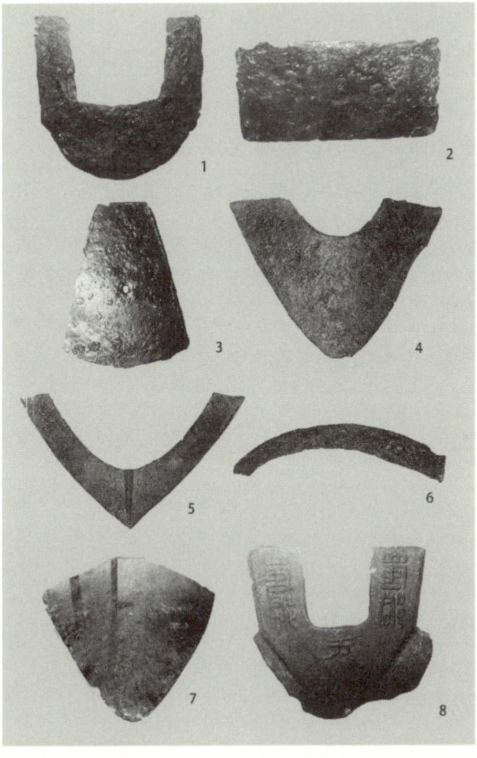

図 56　**鉄製農具**　1・2・8. 鋤、3. 鍬、4・5. 犂、6. 鎌、7. 鏵（1 ～ 6. 前漢、7・8. 後漢、中国国家博物館）

前漢時代に入ると武器の主体は青銅から鉄製武器に急激に変わる。剣・長刀・短刀・矛・戟・鏃・甲冑などが鉄で作られるようになる。満城漢墓・南越王墓からは鉄剣が出土し、臨淄故城の前漢齊王墓からは甲冑が出土している。車馬器具も鉄で作られるようになり、日常用具では鼎・

釜・三足（五徳）・炉がみられる。図56に中国各地から出土した鉄製農具を示した。1から6までは前漢の遺物、7・8は後漢の遺物である。1は四川省成都市出土の鉄鋤で、幅約11cmの大きさである。2は遼寧省遼陽市三道壕遺跡出土の鉄鋤で、幅約12cmの大きさである。3は同じく三道壕遺跡出土の遺物で、これは鉄鍬とされ、長さ約12cmの大きさである。4は陝西省宝鶏市闘鶏台遺跡出土の鉄犂で、幅約13cmと鉄犂としては小型である。5は臨淄故城出土の鉄犂で、幅約25cmと大型で、戦国時代の遺物と同型である。鉄犂は牛耕に用いる農耕具で戦国時代に出現し、前漢を経て後漢の時代には中国全土で広く用いられた。6は陝西省宝鶏市闘鶏台遺跡出土の鉄鎌で、長さ約25cmある。7は山東省滕県出土の大型鉄犂で、長さ約50cmである。8は四川省出土と伝えられる鉄鋤であるが、幅約10cmで、左右に四川を表す「蜀郡」（秦・後漢が置いた郡の名称で、今の四川省成都市）の4字が鋳造されている。

漢代には多くの武器や農工具が鉄で作られ、軍事力の増強と生産の拡大をもたらしたが、殷周時代の青銅禮器や副葬陶器に当たる明器類を鉄で作ることはほとんどなかった。

4. 漆　器

秦漢時代の漆器製作技術はきわめて高い技術水準に到達し、その用途も葬送用の棺や副葬品だけでなく、日常生活でも食器や家具に漆器具を広く用いるようになった。湖南省長沙市馬王堆の3基の前漢墓からは700点以上の漆器が出土している（図57）。主要な漆器器形には、鼎・盒・壺・鈁・耳杯・卮（ｼ·さかずき）・盤・匜・奩・案・勺などがあった。耳杯と盤が多かったが、多くの漆器の保存状態はきわめて良好であった。漆器の大部分は木胎で作られていたが、少数の卮や奩は夾紵胎であった。漆器の紋様には雲気紋・雲龍紋・菱形紋・環形紋・幾何学紋などが多く、少数の花草紋や動物紋もあった。馬王堆漢墓出土の漆器の多くは、記載された表記から前漢蜀郡成都官府の管理下で生産されたものである。

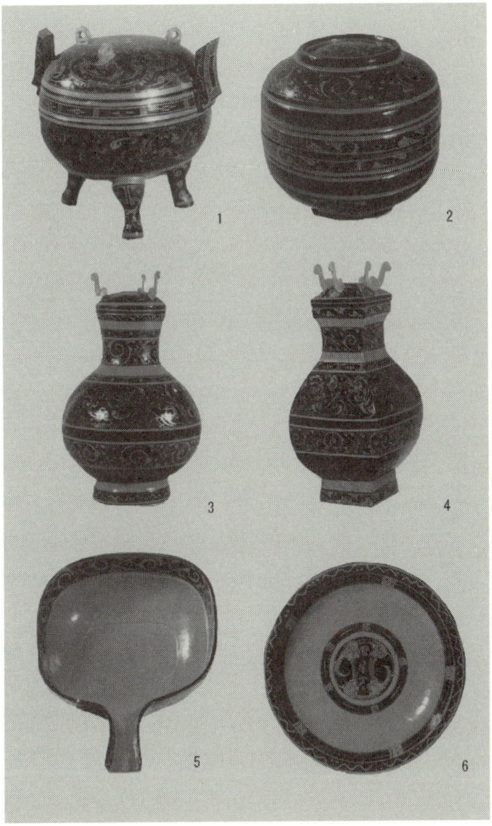

図 57　漆器　前漢、馬王堆漢墓（湖南省博物館・中国科学院考古研究所 1973）

前漢時代の漆器は、湖北省・湖南省・四川省などの江南地域だけでなく、北の河北省満城県の満城漢墓、北京市の大葆台漢墓、河北省定県の中山王墓（M40 号墓）などからの出土が知られ、前漢時代には漆器が広く流通して、華北にまで行き渡っていたことが出土遺物から知られる。また、前漢・後漢の漆器の生産管理が、各地漢墓出土の漆器から蜀郡・広漢郡（漢が置いた郡の名称で今の四川省綿陽市梓橦県）の工官によって生産、管理されていたことが明らかになっている。

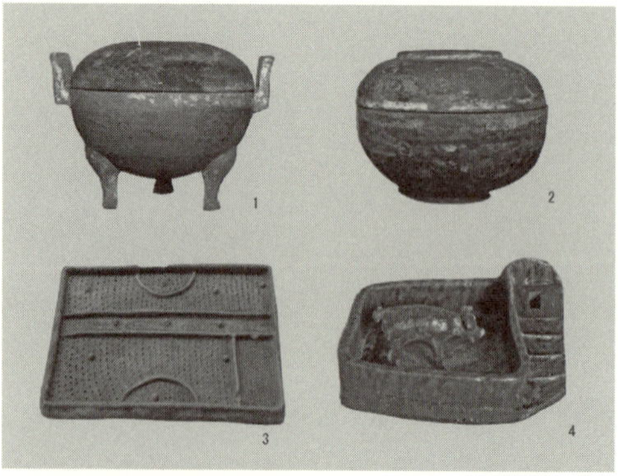

図58　副葬陶器・明器　1. 鼎、2. 盒、3. 陶田、4. 緑釉豚小屋（1・2. 前漢・北京大学蔵、3. 後漢・四川省博物院蔵、4. 後漢・駒澤大学蔵）

5.　土器・陶器

膨大な数量の秦漢時代の土器・陶器が出土しているが、報告書や博物館で目にする土器・陶器の多くは、墓から出土した副葬陶器、つまり明器の類である。湖南省長沙市の先に述べた馬王堆1号漢墓からは泥質灰陶に彩絵した美しい副葬陶器が出土しているが、出土した陶器の器形には、鼎・盒・壺・鍾・鈁・瓿・豆・鐎壺・熏炉・甑・釜・罐など12種があった。鼎・盒・鈁は灰陶で、器身に黒色の粉を塗り、器蓋には黒褐色の漆を塗り、その上から黄・緑・銀灰色の顔料で雲紋や鳥紋を描いている。一方、陝西省西安市高陵県の陽陵邑遺跡では市街地遺構から前漢時代に属する灰陶の甑・罐・盆などの日常雑器が出土している。鉄器時代に入っているとはいえ、鉄製鍋釜の出土数は限られており、庶民の日常の煮炊は土器で行われていた可能性が高く、灶に湯の入った罐を乗せ、その上に粟や大豆などの穀類の入った甑を置いて蒸したのであろう。

図58の1・2に示した副葬陶器は、山西省曲沃県曲村の前漢に属する墓から出土した土器であるが、鼎・盒を基本とする副葬陶器の組み合わせは、戦国時代後期末の組み合わせを継承している。鼎の獣蹄足は退化し、蓋に鈕はない。彩絵陶の盒は身・蓋ともに圏足をもち、洛陽あたりでみられるものに類似する。このような容器の副葬陶器のほか、後漢には田・池・豚小屋・楼閣を形取った陶製明器も多い（図58の3・4）。

6. 瓦　当

秦漢時代にも半瓦当が用いられているが、その数量は減少し、代わって円瓦当が普及する。図 59 の 1 は秦都雍城出土の瓦当であるが、最大幅が約 80cm もある大瓦当で、対の雲気紋が描かれている。2 も雍城出土の瓦当で雲紋が描かれている。3 は始皇陵陵園や咸陽城から出土する典型的な統一秦時代の雲紋瓦当である。漢代には秦代に出現した雲紋円瓦当が全国的に流行するが、同じ雲紋瓦当にもそれぞれの地方的な特色が認められる（図 59 の 6）。漢代の瓦当には、雲紋瓦当が多数あるほか、文字瓦当も多い。漢の文字瓦当には漢の偉業を讃える「惟漢三年大并天下」「漢并天下」（図 59 の 4）の文字瓦当、宮殿名・苑名・陵名を示す「長楽未央」「甘泉」「上林」「長陵東當」「長陵西神」などの文字瓦当、吉兆を願う「長生無極」（図 59 の 5）「千秋萬歳」などの文字瓦当がある。漢代の瓦当は長安城遺跡や洛陽城遺跡を中心に膨大な量が出土している。

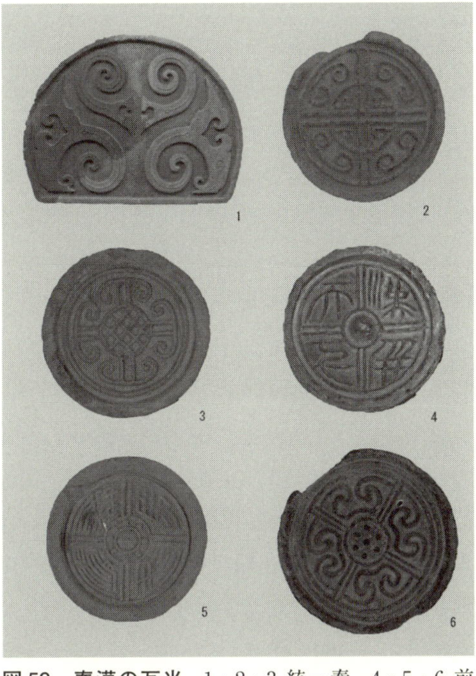

図 59　秦漢の瓦当　1・2・3. 統一秦、4・5・6. 前漢（1. 大瓦當、2・3・6. 雲紋瓦當、4. 漢幷天下瓦當、5. 長生無極瓦當）

7. 漢代の食生活

馬王堆1号漢墓からは、多くの食物遺物と葬送儀礼のために用意された献立を記入した多数の竹簡が出土している。漢代の庶民の食生活を反映したものではないが、前2世紀における華南地方の食物事情を示す一級の資料でもある。また、同墓の漆器・竹行李・土器の中からは食物が発見されており、漆器の鼎からは蓮根を輪切りにしたものが、盆からは穀物の粉を練って焼いた餅状の食物が、小盤からは牛・雉の肉や麺類が、また奩の中からも餅状の食物が発見されている。

竹行李からは多くの動物・鳥類の骨が発見され、肉食品が納められていたと考えられている。それらの肉類には、羊・牛・豚・犬・鹿・兎・鶴・鶏・雉・雀・鳥卵があった。竹行李につけられた木札と出土した竹簡の記載をあわせて検討すると、これらの肉類が、炙（セキ・串焼き)、熬（ゴウ・火で乾かした乾物、煎った肉)、脯（ホ・細かく裂いた干し肉)、腊（セキ・小動物の丸ごとの干し肉）などに調理されていたことがわかる。さらに、食肉類のほか、穀物・野菜、梨・梅などの果実も納められていた。

いくつかの副葬陶器の中にも各種の食物が納められていた。陶鼎からは鴨・雁・鶏が、陶盆からは粟粉を捏ねて焼いた食物が、陶罐からは浜納豆・ニラ・豆・山桃・瓜・梅・麺類・牛骨・鹿骨・魚骨などが発見されいる。穀類や豆類には稲・小麦・大麦・黍・粟・大豆・小豆・麻実があった。稲には籼稲と粳稲が存在し、粳米と糯米があり、長粒・中粒・短粒があり、前漢初期の稲の種類が豊富であったことを示している。瓜・果実類には真桑瓜・棗・梨・梅・山桃があった。竹簡に記載された調味料には水飴・蜂蜜・酢・塩・麹があり、酒類には濁酒・甘酒・清酒などがあった。

8. 漢代の農業技術

漢代の豊かな食生活は、漢代の農業技術によって支えられていた。漢代に入って農作物の生産量が増大した要因には、一般的な農業技術の進歩はもちろんのこと、多量の鉄製農具の使用が可能になったことがある。鉄製農具には犂鏵・鋤・耒・鍤・钁・鍬・鎌などがある。鉄製農具の中で特に重要なものに鉄製犂鏵の大量使用とその改良がある。鉄製犂鏵の多くは前漢中期以降の遺跡から発見され、戦国時代以来使用されていたＶ形鉄冠木犂鏵の構造が複雑になり、前漢中期の関中地区においてＶ形鉄冠鉄犂鏵（鉄製犂鏵）へと発展し、その後、全国的に普遍化したことを示している（図56の4・5・7）。

漢代の収穫用具は鉄製の鎌が一般的で、鉄鎌には鉤鎌（一般的な鎌）・矩鎌（曲尺形の鎌）・鏺鎌（大鎌）があり、まれに銍（爪鎌）もある。鉤鎌は多くの漢墓から発見されているが、それらは稲や麦の収穫に適した形で、漢代の穀物収穫の作業効率を上げたものと思われる（図56の6）。さらに後漢時代には鏺鎌（大鎌）が出現する。

穀物加工の道具として主要なものに杵・臼・踏碓・磨碓があるが、これらには実物のほかに明器として製作されたものもある。河北省満城1号漢墓では大型の磨碓が発見されている。この磨碓は上下２枚の石磨盤からなり、直径54cm、通高18cmであった。磨盤の中央には鉄軸があり、磨盤は漏斗形銅器内に入り込んでいた。漏斗形銅器は、口径94.5cm、高さ34cmで、本来、２枚の石の磨盤は漏斗形銅器の支架に組まれた十字形の木架の上に載っていたと推定されている。磨碓で加工された穀類の粉は漏斗形銅器を通って、さらに下の容器で受けたものと考えられている。満城１号漢墓の磨碓の傍らには馬の遺骸が存在し、磨碓の回転のために馬力を用いたことも判明している。

第6節　秦漢帝国とその文化拡大

秦漢帝国が中国を統一し東アジアの強国となりえたのは、周辺地域に先駆けて鉄の生産を開始し、秀でた鉄生産技術をもっていたためで、反射炉を用いる鉄の製錬、鉄笵を用いる鋳造技術、浸炭や脱炭技術などにおいて、近代の鉄生産の中で開始される類似した技術をすでに習得していたことにあると思われる。漢王朝の軍事力・農業生産・経済活動を底辺から支えていたのは、漢王朝が専売によって独占した鉄生産で、発見される製鉄遺跡の規模においても、戦国時代の10倍の面積をもっている。

この時代の考古学研究では、漢王朝の勢力拡大に伴って漢文化の強い影響を受けた漢帝国領域外の遺跡も重要な研究対象となってくる。本書では秦漢の都としての咸陽城や長安城、始皇陵や前漢の帝陵、諸王や丞相一族などの墓を中心に紹介したが、秦漢時代の遺跡は西域を含む中国全土のほか、中国に隣接する朝鮮半島やベトナムにもある。南越国の「番禺」の都市遺跡は広東省広州市で発見されている。雲南省晋寧県の石寨山墓地からは「滇王之印」と刻まれた金印が出土し、『史記』西南夷傳に記載された、武帝が滇王に与えた金印ではないかともいわれている。また河西回廊の居延の烽燧遺跡などの漢代遺跡も重要である。武帝は前108年に朝鮮半島に出兵し楽浪郡をおいたが、平壌付近には楽浪群の一部と推定される楽浪土城が残り、多くの漢墓も発見されている。中国的な文化遺跡が現在の中国国内にとどまらずより広く分布する傾向は、青銅器時代にはほとんど認められなかった傾向で、中国の歴史がまったく新しい段階に入ったことを考古学的に意味している。

第６章

魏晋南北朝時代

—鉄器時代Ⅲ—

魏晋南北朝の動乱の時代は、多民族が混じり合う中で多様な文化が入り交じり、考古学的な遺跡・遺物も複雑な様相を呈する。漢代以前からみられた都市遺跡・墓などの遺構のほかに、この時代から仏教寺院遺跡や石窟が顕著にみられるようになる。従来の青銅器・鉄器・土器・玉器等の遺物のほかに、青磁や仏教遺物の石仏・塑像仏・金銅仏などもみられるようになる。

第１節　魏晋南北朝時代の都城

この時代の代表的な都城としては、魏の鄴城《ぎょうじょう》、魏・北魏の洛陽城、北魏の平城、孫呉・東晋・南朝の建業城（建康城）などが知られるが、考古学的な調査が比較的進んでいるのは鄴城と洛陽城である。

1. 鄴城遺跡

鄴城遺跡は河北省臨漳県に位置し、遺跡の中央を漳河が東西に横切って、北側の鄴北城と南側の鄴南城に分かれる。魏は鄴北城を造営し、十六国の後趙・冉魏《ぜんぎ》・前燕は鄴北城を都とし、北朝時代の東魏・北斉は鄴南城を建設したといわれる。

鄴北城は調査によって東城壁・南城壁・北城壁が確認され、南城壁は

図 60　「業」の字を刻印した瓦
（駒澤大学考古学研究室蔵）

漳河の北岸に位置し、城の大きさは東西 2,400m、南北 1,700m である。発見された城門や大道から城内の区画割付も判明している。都城の割付は城内全域に宮殿区が配置されてきた漢長安城とは異なっており、対称性や規則性を考えたもので、後の都城の割付に大きな影響を与えたと考えられる。遺跡の北西部には銅爵台・金虎台・氷井台などの建築基址が残り、これらの遺構は軍事的な建造物であったと考えられている。城址からは後漢末から魏・五胡十六国・東魏・北斉時代の瓦類が大量に出土している。鄴城を示す「業」の字の刻印された瓦もある（図 60）。

鄴南城は東魏時代に造営された城址と考えられ、面積は鄴北城よりも大きく、東西最大幅 2,800m、南北長さ 3,460m の大きさがある。東城壁・西城壁・南城壁はいずれも緩やかに外反しており、南東・南西角は隅丸型を描いているが、こうした都城址の平面形は特異なものである。史料によれば鄴南城には 14 の門があったというが、それらは試掘調査などで確認されている。城の中央北寄りには南北約 970m、東西約 620m の宮城区が確認され、宮城区内とその付近では 15 カ所の建築基址が確認されている。鄴南城からの主な出土遺物は塼や平瓦・丸瓦・蓮華紋円瓦当などの建築資材である。

2.　魏・北魏の洛陽城

魏・西晋・北魏の都であった洛陽城址は、今の洛陽市の東約 15km に位置し、その遺跡は後漢の洛陽城址に重なり、一般には漢魏洛陽城遺跡

図 61　北魏洛陽城内城の北城壁

と呼ばれている。現在地上部に現存する城壁、および試掘調査で確認された魏・北魏洛陽城址は、南城壁が洛河の浸食によって破壊されていたが、北城壁・東城壁・西城壁のいずれも残存状態が良好である。この大城と呼ばれる城址は南北に長い長方形を呈しているが、魏の大城で、北魏の内城と推定される。城壁は版築で築造されていおり（図 61)、残りの良いところでは高さ 5 ～ 7m あり、西城壁の残長約 4,290m、北城壁の全長約 3,700m、東城壁の残長約 3,895m が計測されている。北城壁は折曲し、西北角に金墉城があり、北城壁東半分は北へ凸出している。

調査によって『洛陽伽藍記』に記述された南城壁の 4 つの門を除いて、残りの 10 カ所の門址が確認されている（図 62)。大城内を東西に延びる横道は 4 本で、南から第 1 横道は西明門と青陽門を結び、第 2 横道は西陽門と東陽門を結び、第 3 横道は閶闔門《しょうこうもん》と建春門を結び、第 4 横道は承明門から宮城北辺に沿って延び中断する。これらの道路の幅は 35 ～ 51m ある。南北に延びる縦道は 4 本で、東から第 1 縦道は開陽門から北へ延びていたと推定され、第 2 縦道は広莫門から南下し平昌門にいたっている。第 3 縦道は北魏の銅駝街で宮城南門から宣陽門にいたり、道幅は 40 ～ 42m で、道路の両側では版築基壇が発見され官庁街であったと推定される。第 4 縦道は大夏門から南下して永寧寺西側を抜けて津陽門にいたる。

大城中央部北側に南北に長い平面長方形の宮殿区が、第 4 横道から第 2 横道付近にある。この宮殿区は南北長さ 1,398m、東西幅約 660m の広

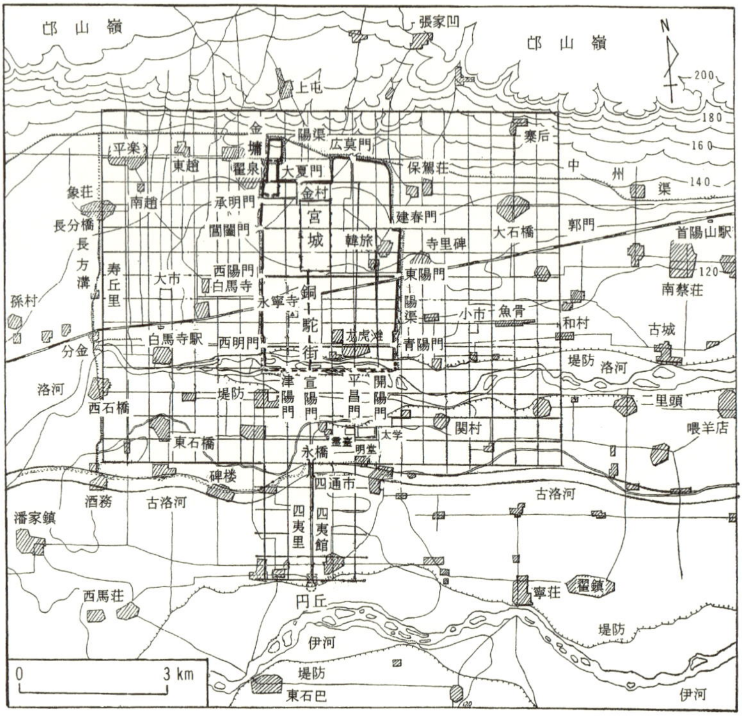

図 62　北魏洛陽城の復元図（宿白 1978）

さがあり、城壁で囲まれ、都城の最も重要な建物であったと思われる建築址の版築基壇が密集している。

北魏の洛陽城は、北魏の宣武帝の景明二（501）年に畿内の人夫五万五千人を徴発して大修築を行い、城内に 323 坊を築き、東西 20 里、南北 15 里の外城（外郭）を造営したという。今のところその城壁の明確な確認は行われていないが、外城西城壁の一部については西石橋付近での発見の情報を耳にしている。北京大学の宿白教授が作成した北魏洛陽城復元図に私が修正を加えた図を示した（図 62)。これによれば北魏洛陽外城は、東西約7,400m、西城壁・東城壁が南北約5,400m、中央銅駝街沿いで南北約7,300mの大きさをもつ壮大な都城であった。魏・西晋・北魏時代の主な出土遺物は塼や平瓦、丸瓦、雲紋・蓮華紋・人面紋円瓦当などの建築資材である。雲紋円瓦当は魏・西晋時代遺物に多く、蓮華紋円瓦当・人面紋円瓦当は北魏時代の遺物にみられる。

第2節　魏晋南北朝時代の墓

1. 魏の帝陵

魏は薄葬を奨励し、陵寝を設けず、陵邑を造営せず、墓上に墳丘など構築物を造らなかったと言われている。そのため武帝曹操を埋葬した鄴城西の高陵も墳丘をもたない墓と推定されていた。

2008年の暮れに河南省安陽市豊郷西高穴村で発見されたM2号墓は、後漢末・魏初に属する遺構で曹操の墓とも言われている。この墓には墳丘がなく、主体部は斜墓道をもつ塼室墓で、前室・後室と前室・後室の東西に付く4つの耳室からなり、墓道を含む全長約60mの大きさであった（図63の1)。前室・後室とも一辺、3.85mの正方形で、床には青石が敷かれ、墓室の天井は塼による寄棟形の尖頂であった。後室では石棺床と考えられる6個の石葬具が発見され、木棺が置かれていたと推定されている。3体の頭蓋骨が発見されているが、1体は主被葬者で60歳前後の男性、2体は50歳前後と20歳前後の女性であった。

この墓は盗掘を受け墓室内は荒らされていたが、残っていた遺物には石製品の建築部材・圭・璧・刻銘石牌・虎雕、鉄製品の剣・鏃・鏡・鎧甲、青銅製品の蓋弓帽・鈴・帯鉤・鋪首・環・印、陶磁器として案・井戸・竈・耳杯・釜形鼎・尊・罐などがあった。後漢末・魏初の墓としては規模が大きく、残存していた出土遺物から本来の副葬品はきわめて豊

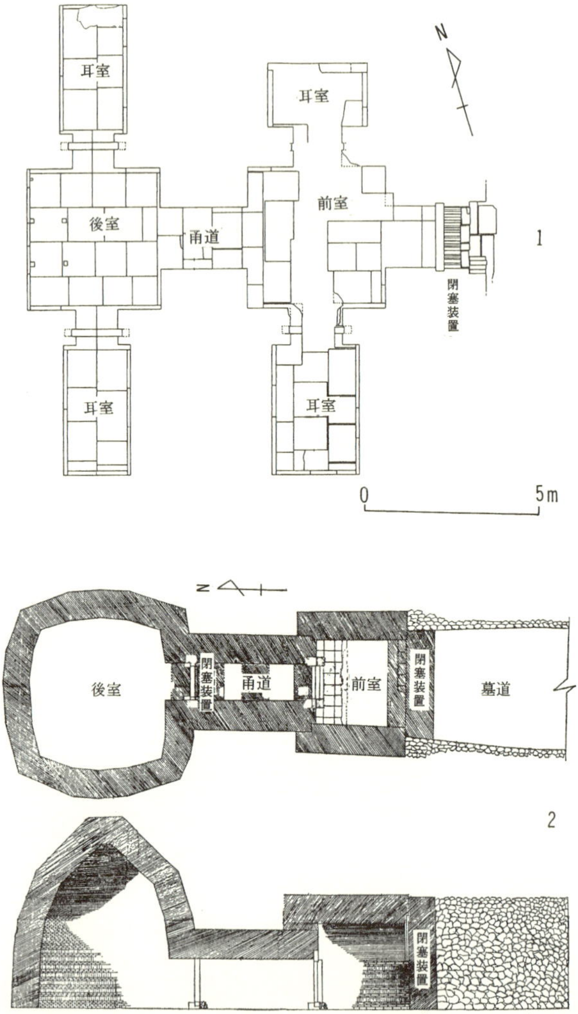

図 63　塼室墓　1. 曹操高陵墓室（1. 河南省文物考古研究所 2010）、2. 永固陵墓室（大同市博物館・山西省文物工作委員会 1978）

かであったと推定される。前室から出土した刻銘石牌に「魏武王常所用挌虎大戟」とあり、ほかに「魏武王」銘牌が7点出土していることから、報告書はこの墓を魏武帝曹操の高陵と結論づけている。

2. 北魏の墓

北魏の孝文帝が493年に都を洛陽に遷都する以前、北魏の都は今の山西省大同市の平城であった。平城の北25kmの梁山（方山）の南には大土丘が南北に並んでいる。南の大墳丘が、北魏文成帝拓跋濬の妻の文明皇后馮氏の永固陵、北のやや小さな墳丘が孝文帝元宏の寿陵である万年堂である。永固陵墳丘は基底部が方形を呈し、南北長さ117m、東西幅124m、高さ22.87mの大きさを有し、墳丘の前面600mには長方形の建築遺構が残り、さらに前方200mには方形の塔基の遺構が存在する。墳丘の中心位置には前室・甬道・後室からなる塼室の主体部があるが（図63の2)、前室は正方形、後室は胴張りのある正方形で、前室は長さ4.2m、幅3.85m、後室は長さ6.4m、幅6.83mの大きさであった。この墓は度重なる盗掘を受けていたが、石彫として武士俑・鎮墓獣片・建築部材、青銅製の簪・馬片、鉄製の鏃・矛・錐、陶磁器の壺破片・罐破片・盆破片・碗破片・香炉破片などが発見されている。

大同市の東南6.5kmで、5世紀末の司馬金龍の夫婦合葬墓が発見されている。この墓は、北魏の早い時期の大型塼室墓で、墓道・前室・甬道・後室・耳室などからなり、墓室はすべて塼積で構築され、全長は17.5m、墓道の長さは28.1mある。前室・後室・側室とも平面正方形を呈し、後室・耳室は胴張りがあり、天井は方形尖頂である。前室は長さ4.56m、幅4.43m、後室は長さ6.12m、幅6.01mの大きさであった。石製の棺床には龍虎・人物・奏楽などの浮彫があった。用いられた塼には「琅琊王司馬金龍墓寿塼」の文字がみられ、この墓のために造られた塼であることがわかる。この墓は早くに盗掘を受けていたが、多くの陶俑など400点近い遺物が発見されている。陶俑には武士俑、騎馬武士俑、男性俑、女性俑、牛・羊・豚・犬などの動物俑があった。出土した列女漆画屏風は北魏芸術を代表する作品である。司馬金龍は拓跋氏に降った西晋皇族の子孫で、北魏皇帝の厚い信託を受けていた。妻は隴西王直懃賀豆跋の娘で、早くから漢族と北方種族の統治階級との間で通婚のあったことを示している。

3. 南朝の王陵

東晋とその後の宋・齊・梁・陳四朝は、建康（今の南京市）を都としたので、この時期の王陵は南京市・丹陽市一帯に分布している。これらの地域の陵墓のうち、あるものは陵墓の前面に大型石彫を配置している。南京市玄武区の富貴山大墓は、富貴山の南東斜面の岩盤に長さ35m、幅7.5m、深さ4.3～7mの墓壙を開鑿し、そこに墓門・甬道・墓室を築造している。墓室は塼積で、平面長方形、奥壁のみが弧形を呈し、天井部はアーチ形であったがすべて崩壊していた。墓室は長さ7.06m、幅5.18m、残高2.4mで、早くに盗掘を受け荒らされていたが、紅色の漆片が散乱し、漆棺が置かれていたことがわかる。墓室内からは玉佩・ガラス珠・石珠・玉飾などの玉石器や、青磁の鳥形水盂・鉢・碗・小形杯、陶俑、陶製明器が副葬品の残りとして発見されている。この墓から約400mの場所で石碣（石碑）が発見され、それには「晋恭皇帝之玄宮」とあって、この墓は東晋最後の皇帝となった恭帝のものであることが判明した。

南京市雨花台区西善橋油坊村で発見された南朝末の大墓は陳宣帝の陵である可能性が考えられている。直径35m、覆土と墳丘の厚さ13mをもち、長方形の墓壙は罐子山の北山麓に掘られ、長さ約45m、幅11m

である。墓室の平面形は楕円形を呈し、長さ10m、幅6.7m、高さ6.7mで、墓室の天井はドーム形で、甬道の天井はアーチ形に作られている。墓室内の壁面には紋様塼を用い、また甬道の壁面には塼を組み合わせた獅子の塼画がある。早くに盗掘を受け、副葬品の残っていたものは、わずかに玉玦1点、陶磁器残片、銅碗残片、女性陶俑1点などであった。

東晋・南朝の陵墓は、山を背にして平原を臨む地形を葬地として選び、山麓に大型の墓壙を掘削し、底に何層もの塼を敷いてその上に墓室を構築している。甬道の天井はアーチ形を基本とするが、墓室は平面が長方形から楕円形に変化し、天井はドーム形を呈している。壁面に用いる塼は時代が下がるに従って華麗な紋様を施したものが多用され、大型画塼をはめ込んで装飾をする。

第3節　魏晋南北朝時代の仏教遺跡と石窟

1. 北魏洛陽の永寧寺塔

仏教は後漢の初めには西域から中国に伝わっていたが、中国に広まったのは4世紀後半からであった。『洛陽伽藍記』によれば、北魏洛陽には一千三百余の仏教寺院があったという。

『洛陽伽藍記』に記載された永寧寺跡は、北魏洛陽城宮城南門の南西約1kmの所に残っている。永寧寺の平面形は長方形で、南北約305m、東西約215mの面積を有してい

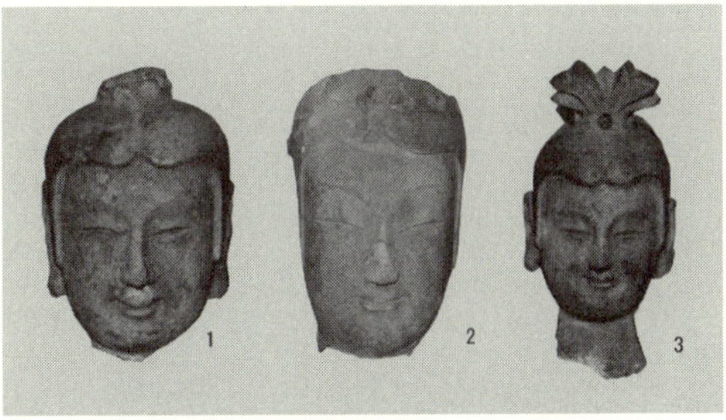

図64　永寧寺遺跡出土の塑像

る。寺院区の北壁は破壊がひどいが、東壁・南壁・西壁はよく残り、各1門が開く。寺院の中心には方形の塔礎が残り、地面から約5m高出し、塔の北には殿堂の遺構がある。塔の基壇は、平面が方形で、上下二層になっている。下層基壇は版築で築造され、南北約98m、東西約101m、厚さ2.5m以上ある。下層基壇の中心部に上層基壇が版築で築造され、上層基壇の辺縁4面は青石を積んで壇上積としている。上層基壇は長さ・幅とも38.2m、高さ2.2mあり、上面に124カ所の正方形の柱礎が5列に配列されていた。4列目の木柱の内側には、日干し煉瓦を積み上げた塔の芯となる方20m、残高3.6mの方柱体が造られ、その南・東・西面にはそれぞれ5基の仏龕が設けられていた。北面には仏龕はなく、木柱の痕跡が残り、塔に登る階段が設けられていた。塔基壇からは石彫・瓦などの建築部材のほか、真珠・瑪瑙·水晶・象牙などの貴重品も出土し、仏具の一部と推定される。また300点余りの各種塑像が出土し、菩薩・比丘《ビク》・文官・武将・男女侍従などがあった（図64）。永寧寺は熙平元（516）年に建立され、永熙三（534）年に火災に遭い廃墟となっているが、年代が明確で北魏時代の仏教寺院の典型として良好な考古資料である。

図65　雲崗石窟

2. 雲崗石窟

雲崗石窟は山西省大同市の西16kmの雲崗鎮にある北魏時代の石窟である（図65）。武州河北岸の砂岩質の断崖に約1kmにわたり石窟が開鑿されている。北魏の曇曜の奏上により文成帝の和平元

(460) 年に第16窟から第20窟までの曇曜五窟が開かれ、雲崗石窟の開鑿が始まった。これら5窟が雲崗石窟の第1期に当たる。

石窟の平面は楕円形で天井はドーム形を呈し、仏像の主なものは三世仏で、壁面全面に千仏を彫っている。初期の曇曜五窟は大仏中心の石窟であるが、第5窟は大仏の尊仏窟で、ガンダーラ様式・グプタ様式と北魏固有の様式が溶け合った石仏といわれている。第7・8窟、第9・10窟、第5・6窟、第1・2窟、第11～13窟の5組の石窟は北魏時代の主要部分で、第2期とされている。石窟の平面形は方形で、多くが前後2室をもち、窟内の石仏は大仏はまれで、題材は多様化し、供養の行列図案が出現し、中国の伝統的建築を表現したものが増加する。この時期の開鑿は、文成帝の死後から洛陽遷都以前の孝文帝の時期に相当する。第4・14・15窟は第3期の主要な石窟で、ほかに第11窟以西の断崖上の小窟と第4～6窟間の小窟もこの時期のものである。北魏が洛陽に遷都(494年) して以降、孝明帝の正光年間 (520～524年) にいたると考えられている。

3. 龍門石窟

龍門石窟は河南省洛陽市の南郊、龍門口鎮伊河両岸の石灰岩の岩山に開鑿されている。石窟は総数で1,352カ所あるといわれているが、伊河東岸に7窟あるほかは、大多数が伊河西岸の岩壁に掘削されている。孝文帝が洛陽に遷都してから石窟の造営が始まるが、最も早い造営は古陽洞である。賓陽洞中洞は北魏宣武帝 (499～515年) の勅願によるもので、龍門石窟中最大規模の北魏時代の石窟である。本尊が釈迦如来像、左右に2菩薩、2比丘の典型的な五尊型式である。左右壁にも立仏三尊像がある。石仏は面長、なで肩で、首が長い。北魏滅亡 (534年) 以降、掘削は途切れるが、初唐以降再び盛んに掘削され、唐高宗の勅願による奉先寺洞は最大の規模をほこる。奉先寺洞の盧舎那仏は高さ13mあまりで、唐代の最も傑出した石彫である。

第4節　魏晋南北朝時代の経済・文化

1. 魏晋南北朝時代の磁器

後漢時代末になって、浙江・江蘇省一帯では青釉硬陶の窯業技術が飛躍的に発展し、本格的な青磁が焼成されるようになった。六朝時代、青磁は南方地区の重要な生活用具であり、また墓の副葬品として、それまでの陶質明器に取って代わった。青磁の生産範囲はおおむね安徽・福建・江西・湖南・四川・山東・河北・河南省などに広がっているが、生産の中心は、浙江・江蘇省一帯である。浙江・江蘇省一帯は良質な高嶺土を産し、長斜度登窯が造られ、1,300度に達する高温で磁器が焼成された。匣《さ》鉢《や》・焼き台などの窯道具も用いられ、焼成技術は高まり、生産は拡大した。

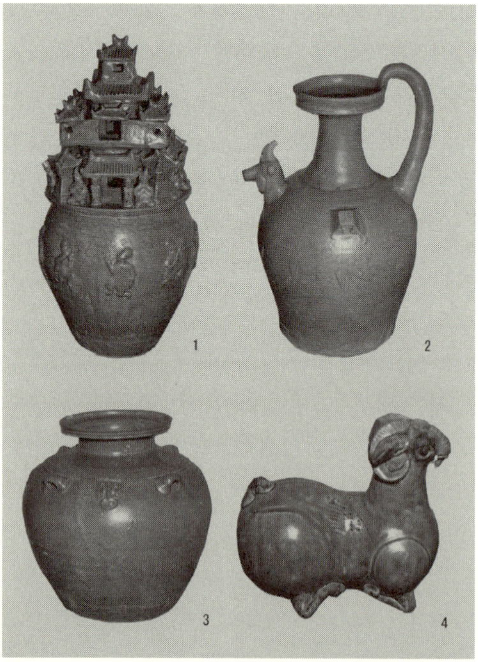

図66　青磁　1.穀倉罐、2.鶏首壺、3.盤口四耳壺、4.青釉磁羊、西晋・東晋時代、（上海博物館蔵）

発見された重要な窯址には、浙江省の上虞窯・蕭山窯・徳清窯、江蘇省の均山窯などがある。主要な磁器の器形には碗・盤・鉢・盆・耳杯・鶏首壺・羊頭壺・獅子頭壺・扁壺・方壺・硯・俑などがあるが、実用器が主である。呉・西晋・東晋時期の副葬品に穀倉罐（魂罐）・鶏首壺・盒・盤口四耳壺・青釉磁羊・青釉鶏篭・薫炉・碗などか典型的にみられる（図 66）。特に穀倉罐はこの時期の特徴的副葬品で、轆轤や手捏で作られ、印紋・貼り付け・刻画などで、楼閣・臺榭・仏像・禽獣・舞陽・雑伎・飛仙などの複雑な土像を口縁部以上に貼り付けている（図 66 の 1）。これらの穀倉罐は一般に大型塼室墓から出土し、磁器の装飾に仏像や蓮華紋などの仏教的表現や、また道教的な表現の認められる遺物もある。

2. 魏晋南北朝時代の瓦当・画像塼

魏・北魏洛陽城から出土した瓦当のうち、魏時代および西晋時代の瓦当図案は、後漢以来の雲紋瓦当が主体である。2 本ないしは 3 本の隔線で円瓦当面を 4 分割し、4 つの茸形の雲紋を描き、雲紋の外縁には斜線または鋸歯紋による飾帯が一周する。瓦当面の中心にはひとつの円乳釘あるいは、花辨紋様が施されている。北魏時代の瓦当図案は雲紋瓦当が減少し、新たに多くの蓮華紋瓦当と少数の獣面紋（人面紋）瓦当が出現してくる。図 67 の 1・2 に示した蓮華紋瓦当は、10 枚の単辨の花辨が図案化されているが、類似した蓮華紋瓦当は永寧寺址からも出土し、北魏時代の中期から後期の遺物と考えられている。

図 67 の 3 は六辨蓮華紋瓦当である。花辨は太く双辨となっている。円瓦当の中心には円乳釘があり、円乳釘と花辨外周には連珠紋小円点紋帯が一周する。北魏洛陽城からの類似品の出土が多い。図 67 の 4 の如き獣面紋瓦当は北魏洛陽城からの出土に始まり、北朝の遺跡から出土す

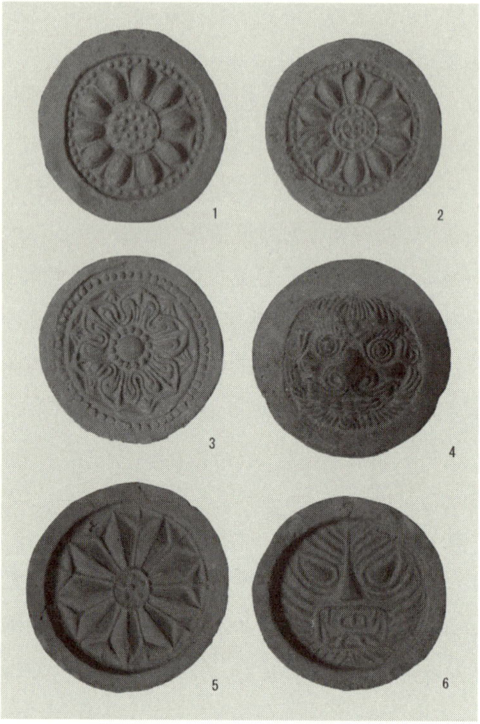

図 67　瓦当　1・2・3. 北魏、4. 北斉、5・6. 南朝（駒澤大学禅文化博物館蔵）

る。図 67 の 5 は剣形花辨 9 辨の蓮華紋瓦当である。このような剣形の花辨は東晋から南朝前期の蓮華紋の特色でもある。図 67 の 6 の獣面瓦当は南朝の瓦当によくみられる図案で、南京市における出土量は雲紋瓦当を上回るという。

河南省鄧州市学荘で南朝の彩色画像塼墓が発掘されている。甬道・墓室は蓮華紋や忍冬紋のある塼積で築かれ、甬道と墓室の壁には画像塼がはめ込まれていた。それらの画像塼には麒麟・鳳凰（図 68 の 4）・四神・飛仙（図 68 の 3）・羽人・車馬出行・楽隊（図 68 の 1）・侍従（図 68 の 2）・儀仗行列・鎧馬など 34 種類の内容が描かれていた。これらの画像塼の大きさは一様で長さ 38cm、幅 19cm、厚さ 6cm ほどで、画像は赤・緑・紫などの顔料で彩色されいるものも多い。南朝社会の生活や思想を知るうえで貴重な資料である。

図 68　鄧県出土の南朝の画像塼　1. 楽隊、2. 侍従、3. 飛仙、4. 鳳凰

3. 鉄生産

魏晋南北朝時代は動乱の時代で戦いが絶えなかった。鉄製の武器が多用され、相次いで鉄製の新兵器が生まれた時代と想定される。また、後漢時代に引き続いて鉄製の農工具や日常用具が使用された。製鉄遺跡の発見・報告は多くないが、そのうちの数少ない例には、河南省鄭州市劉胡垌で発見された後漢末・北魏時代の窖蔵鉄器と、河南省澠池県の澠池駅で発見された北魏時代の窖蔵から出土した製鉄関係遺物である。劉胡垌の窖蔵からは 103 点の鉄製生活用具と生産工具が出土し、釜・鉢・炉・鐅・鏟・車具などがあった。澠池県の窖蔵からは鉄笵・鉄器・鉄材などを含む 4,195 点の遺物が発見されている。完形器は 1,300 点余りあり、器種は 64 種になる。

それら澠池県の鉄笵には双柄犂笵・犂笵・鋤笵・斧笵・鎌笵などがあり（図 69)、鉄器には歯車・犂・双柄犂・犂鏵・斧・鎌・権などがあっ

図69　澠池製鉄遺跡出土の北魏時代の鉄笵
1. 斧笵、2. 鐮笵

た。銘文を鋳出した遺物が400点に達し、そのほか鋂類や鉄滓類の出土もあった。出土した鉄製品についての化学分析によると、鉄器は今日存在する銑鉄の品種を網羅しており、鋳鉄脱炭鋼や球状黒鉛鋳鉄*（ダクタイル鋳鉄）に似た鋳鉄もある。球状黒鉛鋳鉄の技術は近代製鉄において1940年代から始まった冶金技術で、北魏時代製鉄技術が特異な発展をしていたことを示している。

第5節　魏晋南北朝時代における中華文明

4～8世紀の東アジアの諸国は中国への朝貢外交を通じて、各種の先進的な技術・仏教文化・政治制度・都城造営などの知識、つまり中華文明を学んでいった。言い換えると、3世紀から6世紀の魏晋南北朝時代は、秦漢時代に成立した中華文明が東アジアの諸国へ伝播拡大していった時代である。『宋書』倭国伝の記載によれば、5世紀の初めから約1世紀間にわたって讃・珍・濟・興・武の「倭の五王」が相次いで中国南朝に遣いを派遣し、遣いは建康にいたって朝貢外交を行っている。

『古事記』によれば、日本へ漢字か伝わったのは、応神天皇の時期、5世紀の初めと伝えられているが、漢字はそれより早くから日本へ伝播していた。弥生時代後期には、漢式鏡・五銖銭・貨泉などが日本へ伝えられて、漢字を目にしていたと考えられる。福岡県志賀島の発見といわれ

＊球状黒鉛鋳鉄とは、鋳鉄中に含まれる石墨を球化剤としてマグネシウムを加えて球形に変え、鋳鉄のもろさをなくし強度をもたせたもの。

る「漢委奴国王」金印は、後漢の光武帝が倭の奴国王に与えたものと考えられているが、その後、古墳時代に入ると、その時代の鉄刀・剣類に漢字を金銀で象嵌した遺物が知られるようになる。東大寺山古墳出土の鉄剣には「中平」と後漢の年号を示す文字があることから中国・朝鮮の製品とする考えがある。石上神宮の七支刀は百済からの贈り物といわれているが、最初の２字に関して「泰始（西晋·南朝宋)」、「太和（魏·東晋·北魏)」のどの年号に読むか議論がある。また江田船山古墳や稲荷山古墳出土の鉄刀・剣には、反正天皇あるいは雄略天皇と推定される人名があり、４世紀後半から６世紀初頭には日本に漢字を理解する人がいたと考えられている。

インドに興った仏教は後漢の前期には中国に入り、４世紀後半には広く受け入れられ、中華文明の一翼を担うようになっていた。やがて６世紀に入ると日本へも伝播するが、仏教の伝来は教義のみならず、それに伴って中国で培われた寺院造営技術や瓦の窯業技術が日本へもたらされ、飛鳥寺・四天王寺・法隆寺若草伽藍などが造営される。この頃の中華文明の拡大を示している。

第7章

隋唐時代

―鉄器時代Ⅳ―

第1節　唐の長安城

隋の大興城を受け継いで造営された唐の長安城は、現在の西安市の下に重なって存在し、特にその宮城（太極宮）および皇城は、明・清時代の西安府城の地下に位置している。

長安城はその時代の世界最大の都市で、世界から人や文化と物資が集まる国際都市でもあった。古典文献のうえからは、唐長安に西方から伝わった景教（ネストリウス派のキリスト教）・マニ教・祆教（ゾロアスター教）などが一部に流行していたことも知られている。日本から遣わされた遣隋使・遣唐使の一行も隋の大興城や唐の長安城に赴いている。現在の西安市付近には遣唐使との関わりをもつ遺跡がいくつか存在する。それらの遺跡には、遣唐使の藤原清河や粟田真人らが活躍した大明宮含元殿や麟徳殿、空海ら日本の学問僧が学んだ西明寺や青龍寺、銀和同開珎が出土した興化坊遺跡などがある。

1. 長安城の区画と概要

長安城は秦嶺山脈が形成する扇状地の先端から北の渭河に臨む緩やかな、南東に高く、北西に低い平野に位置する。ちなみに同城の位置する海抜は450m前後で、南東角では470mに達する。南には太白山や終南山など海抜2,500～3,500mを越える秦嶺山脈の山並みが連なり、北には渭河が、西には渭河の支流の灃河が、東には同じく渭河の支流の灞河が流れている。長安城南辺から秦嶺山脈の裾野まではわずか20kmほどであり、北の渭河までは10km、西の灃河までは20km、東の灞河までは10kmほどである。

長安城遺跡は中国社会科学院考古研究所によってボーリング調査および発掘が行われ、外郭城の平面的な概略が明らかにされている（図70）。外郭城の大きさは、東西の幅が9,721m、南北の長さが8,651mである。唐代の外郭城の城壁は版築で構築され、城壁の基底部の幅は9～12mで、城壁外には幅約9m、深さ4mの周濠が掘られている。

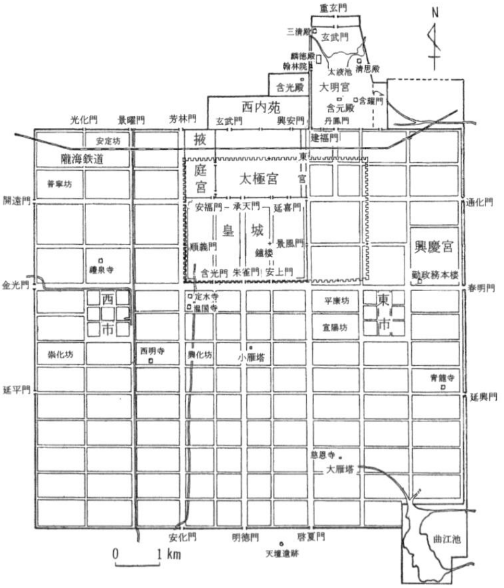

図70　唐長安城の平面図
（中国社会科学院考古研究所1984）

外城槨の東・西・南の3面には各3門が開いており、北側の城壁はいちじるしい破壊を受けて大明宮の南門である丹鳳門のみが確認されている。南城壁中央の門は明徳門であるが、この門は長安城の正門として5つの門道をもつ大門である。また南城壁の東には啓夏門、西には安化門がある。東城壁には北から通化門・春明門・延興門が、西城壁には北から開遠門・金光門・延平門が、北壁には西から光化門・景耀門・芳林門・玄武門・興安門・福建門・丹鳳門・望仙門・延政門がある。明徳門以外の外郭城の門は、東城壁中央の春明門がひとつの門道である例を除いて、すべて3つの門道をもっている。

宮城および皇城は唐長安城の北部中央に位置し、宮城の南に皇城が連なっている。宮城は南北の長さ1,492.1m、東西の幅2,820.3mの大きさで、周囲は版築の城壁で囲まれていた。太極宮の南側正門は承天門で、北側正門は玄武門である。宮城内は3分割されていて、中央が太極宮で東西の幅が1,967.8 mある。東側には東宮があり、西側には掖庭宮がある。また皇城の南・東・西は版築の城壁で囲まれ、北は幅220 mの東西の大街があり、その北が太極宮の南壁となっている。皇城の東西の幅は2,820.3m、南北の長は1,843.6mで、その南壁は西安府城の南壁に重なっている。皇城の南の正門は朱雀門で、北側中央の門は承天門である。皇城南壁の西側の門は含光門であるが、この門は今の西安市甜水井街の南、西安府南城壁の下に位置していた。版築隔壁・門道・塼積・石門などが発見されている。

皇城の朱雀門と太極宮の承天門は、外郭城南壁中央の明徳門と南北の一線を形成して、この都市の中軸線となっている。外郭城内には、南北方向に11条の大街が延び、また皇城以南には東西方向に10条の大街が延びていたことが確認されている。南の3門、東の3門、西の3門に通じる大街は、延平門と延興門を結ぶ大街の幅が55mであるほかは、すべて幅が100m以上で、特に朱雀門から明徳門にいたる大街の幅は155mある。城門に通じない大街の幅はやや狭く、39～68mである。大街の両側にはすべて排水溝が設置されている。皇城の東南と西南には、それぞれ東市と西市がある。

唐の太宗以降、大明宮と興慶宮と夾城の造営が行われたと言われている。長安城北東の外縁に造営された大明宮は、平面が台形を呈し、南壁の幅 1,674m、北壁の幅 1,135m、西城壁の長さ 2,256m の大きさで、四周を版築の城壁が囲んでいる。宮内には、含元殿・宣政殿・紫宸殿が南北に並び、含元殿・宣政殿・紫宸殿はこの宮の正殿であるが、皇帝はここで政治を行い、群臣と会見した。含元殿の名称は『続日本紀』天平勝寶五（753）年の条にも「蓬莱宮含元殿」とみえている。含元殿は、藤原清河と大伴古麻呂が唐の天寶十二（753）年正月に玄宗皇帝の前で新羅と席次を争った有名な場所である。大明宮の西辺にある麟徳殿は宮内の宴会や蕃臣の来朝を行うところで、『旧唐書』東夷伝日本や『新唐書』東夷伝日本によれば、703 年に粟田真人がここで則天武后の宴に列席している。

2. 含元殿

一般に含元殿と称されている遺跡・遺構は、東西の長さ 280m、南北の幅 250m の範囲に含元殿正殿址と東南の翔鸞閣《しょうらんかく》、西南の栖鳳閣《せいほうかく》が「品」の字形に並んでいる（図 71）。正殿址の大きさは基壇底部の石積で計測すると東西の長さ 76.4m、南北の幅 43m が計測される。基壇の 4 方向の壁下には方塼を引き詰めた雨垂塼敷面がある。正殿の基壇は基本的には版築で造営され、基壇の上面は雨垂塼敷面から 3.46m 高く、東西長

図 71　修復前の含元殿遺跡

さ 55m、南北の幅 20m の大きさがあった。基壇上の礎石穴・承礎石・大黒柱穴の分布によって、正殿は東西が 11 間（東西の軒を含むと 13 間）、柱間は 5.35m、南北が 3 間（南北の軒を含むと 5 間）で正殿中央の柱間は 9.7m の大殿堂であったことが推定され、正殿の北・東・西は壁が取りまいている。

含元殿正殿の東南 30m には翔鸞閣が存在する。翔鸞閣は楼閣建築で、版築基壇の一部が土饅頭状の遺構として残っていた。翔鸞閣の残存する基壇の高さは 5.2m で、西側に雨垂面の一部と基壇の塼積みの一部が残存幅で 2m ほど残っていた。含元殿正殿の西南 30m には、栖鳳閣が存在する。栖鳳閣も楼閣建築で、東の翔鸞閣と対をなしているが、残存状態は悪かった。正殿の南東角から栖鳳閣の東縁にかけて唐代の坂道が確認され、龍尾道の遺構と考えられているが、この坂道は、残存長さ 28m、幅 2 ～ 3m、高低差 2.37m である。この翔鸞閣・栖鳳閣は、唐代壁画にみられるような三重の楼閣建築であったかもしれない。含元殿の翔鸞閣・栖鳳閣前面の南平坦面には、東西方向に長い朝堂の遺構が残っていた。翔鸞閣南面が東朝堂、栖鳳閣の南面が西朝堂である。含元殿遺跡からの出土遺物には、蓮華紋方塼・蓮華紋瓦当・平瓦・丸瓦・瑠璃瓦・陶水管・鴟尾・鬼瓦・白磁碗・三彩枕・石螭首《せきちしゅ》・青銅釘などがある。

3. 麟徳殿

麟徳殿は基壇が二重に重なる台で、平面形は南北に長い長方形で、南北 130.14m、東西 77.5m、高さ 1.4m の大きさである。四周は塼積みで、基壇下の四周には雨垂面がめぐっている。基壇上の建物は南北に連なる前殿・中殿・後殿の 3 部分からなり、南北の総長は 85m になる。前殿の東西幅は約 58m で、東西 9 間（東西の軒部分を含むと 11 間）、奥行き 4 間（南の軒を含むと 5 間）となる。前殿の南縁には東西 2 カ所に階段があり、北縁は幅6.2mの東西2カ所の通路で中殿に通じている。中殿の東西幅は前殿に同じであるが、奥行きは5間である。隔壁によって左・中・右室に分かれる。中殿の西室には塼が敷かれるが、他は長方形の石敷であった。後殿の東西幅は前殿に同じであるが、奥行きは5間で、後殿の床に塼が敷かれている。中殿の東西には楼閣の東亭・西亭がある。麟徳殿址から出土した遺物には、蓮華紋方塼・平瓦・丸瓦・蓮華紋瓦当・鴟尾・石螭首などがある。

4. 何家村の興化坊遺跡

長安城の興化坊に当たる西安市何家村で、1970年に窖蔵から2点の陶甕と1点の銀製罐が発見されたが、甕2点は同形で高さ65cm、腹径60cm、銀罐は高さ30cm、腹径25cmの大きさであった。2つの甕からは、金器・銀器・寶玉・鉱物類など1,000点以上が発見されている。納められていた遺物には、銀和同開珎5枚をはじめ、唐の金開元通宝30枚、銀開元通宝421枚、東ローマ金貨1枚、ペルシャ銀貨1枚などの貨幣のほか、多数の銀板・銀餅もあった。

興化坊の坊南路と坊北路、坊東路と坊西路に対するボーリン調査の結果、興化坊の東西の長さ669.5m、南北の幅553mの大きさが確認されている。この窖蔵の位置は、興化坊の中央の東西街路の南、やや西側に当たる場所と考えられ、東西の街路の南55m、西側坊外の安化門に通じる南北大路から268mの場所と考えられている。

銀和同開珎は『続日本紀』の記載によれば708年から709年にかけて鋳造されただけであるが、唐の開元五（717）年に日本から行った遣唐使がこの年に玄宗皇帝に朝貢品として収めた遺物である可能性があり、後に多くの金・銀開元通宝とともに玄宗皇帝から一族に賞賜されたと推定される。埋設された時期は756年の可能性が高く、安禄山の乱により玄宗皇帝が天寶十五（756）年に四川へ逃げた事件と関係がある、とする説もある。

5. 青龍寺

空海が密教を学んだ青龍寺は、西安市の南郊外、鉄炉廟村の北側台地上に位置している。寺の位置は長安城の新昌坊の南辺に当たり、新昌坊門の北東、延興門の西北である。寺の面積は東西約 530m、南北約 250m を占めている。遺構としては中門・塔・金堂が南北一直線に並び、これを取り巻く回廊と、その東に東院の殿堂、東院の北東に北門が確認されている。塔址は中門の真北 25m に位置している。塔の基壇は版築で堅く築造され、平面形は正方形を呈し、残存する塔の版築基壇は、東西 15m、南北 15m、基壇の厚さ 1.6m の大きさであった。基壇の中心には南北 4.4m、東西 4 ～ 4.4m、深さ 1.8m の方形坑が存在し、塔心地宮と推定される。

金堂は、殿址あるいは 3 号遺址と呼ばれている遺構で、塔基壇の真北 43m に位置する。その基壇は前期の遺構と後期の遺構が重なって重建されている。後期の基壇平面形は東西に長い長方形で、東西 40.4m、南北 24.9m あり、基壇の四周を塼敷きの雨垂面が巡っていたと推定されるが、ほとんどが破壊されていた。礎石はすべて失われていたが、礎石坑が発見され、残存する磉墩《さんとん》（礎石を置くために穴を掘りそこに礫や土を入れて版築で突き固めた土盛りとその穴）は 28 カ所で、桁行 9 間、梁行 5 間の建物が推定されている。前期の基礎の遺構も平面形は東西に長い長方形を呈し、東西が 57.2m、南北が 26.2m であるが、東西部分が後期の遺構より大きく、その部分が比較的よく残っており、前期の磉墩が残っている。前期の金堂は、桁行 13 間、梁行 5 間の建物であったと推定されている。

青龍寺の出土遺物には、縄紋塼・蓮華紋塼・鬼瓦・平瓦・丸瓦・蓮華紋瓦当・獣面紋瓦当・鴟尾・青銅製鍍金仏・石仏・石灯籠台などがある。

6. 日本にもたらされた長安城の都市計画と造営技術

奈良・平安時代に多くの日本からの留学生・学問僧が逗留した唐の長安城は、考古学的な調査により平面割付がよく確認されている。大明宮における考古調査も進み、調査の後に麟徳殿・含元殿の修復が進み、また太液池・明徳門・含光門・重玄門などの姿が発掘によって良くわかってきた。長安城の都市計画は、特に渤海の上京龍泉府の都市計画に大きな影響を与えており、その平面形は長安城のコピーともいえる割付である。また長安城の都市計画は遣唐使の知識として日本にもたらされ、律令体制下の平城京や平安京の都市計画にも大きな影響を与えた。隋唐の蓮華紋の瓦当は、その時々の渤海や日本の平城京・平安京の瓦当紋に直接的に影響を与えていたと思われるが、長安城内の各遺跡から少量出土している緑釉瓦や瑠璃瓦は、日本の平安京大極殿遺跡から出土する緑釉瓦に直接的な影響を与えていたと推定される。

第2節　隋唐の洛陽城

唐の洛陽城は隋大業元（605）年の創建にかかる都城で、今日の河南省の洛陽老城に重なってその地下に存在する。城の平面形は不正台形を呈し、城の中央を洛河が東西に流れ、北から瀍河が洛河に合流している（図22）。南城壁は長さ7,290mあって、定鼎門は宮城の応天門の真南に位置している。東城壁は長さ7,317mが推定計測され、北城壁は長さ6,138mあり、西城壁は残存状態が悪いが、全長約6,776mと推定される。

宮城は皇城によって凹字形に取り囲まれていたと考えられ、皇城の西城壁は外郭城西城壁に重なる。

宮城は今日の洛陽老城の西側に位置している。宮城北城壁は1,400m、西城壁は全長1,270m、南城壁は全長1,710mあり、東城壁は1,275mが計測されている。宮城の西北角に接して含嘉倉城が存在する。倉城の周囲には厚さ約17mの城壁が巡り、北城壁は大郭城の北壁である。倉城の東西の幅は612m、南北の長さは750mで、その中に大小数百にのぼる穀物貯蔵用の穴蔵が存在した。

隋唐の洛陽城は、隋の東京、唐の東都で、この時代の世界的な大都市であったが、都城の西側は澗河で切られ、不正形な台形を呈し、形の整った都城とは必ずしもいえない。ただ宮城と皇城に限れば、応天門・玄武門・龍光門を結ぶ南北線を中心に東西対象の割付を有し、整った形を呈している。このような宮城・皇城の割付は長安城と並んで、日本など東アジアの都城造営に大きな影響を与えたと推定される。

第3節　隋唐時代の墓

1. 唐の王陵と隋唐の墓

唐代の昭帝と哀帝を除く18基の皇帝陵は、陝西省渭河北岸の乾県・礼県・涇陽県・三原県・富平県・蒲城県の6県に唐長安城を取り巻くように東西100kmにわたって連なっているが、高宗の乾陵のほかはことごとく盗掘を受けている。陵墓造営には墳丘を人工的に盛ったものと自然の山を利用した山陵の2種類がある。どの陵墓も広大な陵園をもち、陵園の南には大規模な陪葬墓群がある。陵墓以外には、隋代の墓として西安市梁家荘付近の李静訓墓、太原市晋源区の虞弘墓、唐代の墓として乾陵陪葬墓の永泰公主墓・章懐太子墓・懿徳太子墓、西安市西郊にある鮮于庭誨墓、礼泉県の新城長公主墓、陝西省三原県の李寿墓、蒲城県の橋陵陪葬墓の恵荘太子墓、同じく蒲城県の李憲墓などが発掘されている。唐墓の発掘例はきわめて多いが、以下に唐の帝陵である乾陵とその陪葬墓の永泰公主墓の例を紹介しよう。

図72　乾陵　陝西省乾県梁山（1979年撮影）

2. 乾　陵

唐の高宗と則天武后の合葬墓である乾陵は、陝西省乾県の梁山に造営された山陵である。高宗は第3代の皇帝で、弘道元（683）年に没し、翌年乾陵に葬られた。高宗の皇后の位に就いた則天武后は、神龍元（705）年に没し、翌年乾陵に合葬された（図72）。

乾陵のある梁山は渭河北岸にそびえる海抜1,047mの山で、乾県側から望むと最初に目につくのが乾陵とその南にある門闕のある峰である。陵園は内城・外城の2城からなり、墓の主体部は梁山の中腹に設けられている。内城の東・西・南・北壁の中央にはそれぞれ門があり、各一対の石獅子像がある。北門（玄武門）外には6体の石馬像があった。南門（朱雀門）の南には墓道に沿って南から墓道を挟んで対称に門闕・華表・天馬・駝鳥・石馬5対・石人10対、東の無字碑と西の述聖記碑、門闕、東の24人石人群と西の29人石人群、石獅子1対があって朱雀門にいたる。朱雀門を入ると献殿址の遺構があり、さらに梁山へ向かう参道が延びている。

梁山の中腹に造営された主体部の墓道は確認されており、斜道で長さ 63.1m、幅 3.9m、底まで深さ約 19.5m あると言う。墓道は長方形の石を積んで閉塞し、石を鉄楔で連結し、目地に銑鉄を流し込み、その上を版築で突き固めている。陵園の東南には 17 基の陪葬墓があるが、そのうち永泰公主墓・章懐太子墓・懿徳太子墓など 5 基は発掘されている。

3.　永泰公主墓

永泰公主墓は陝西省乾県の北にある乾陵の陪葬墓のひとつで、中宗の第 7 女の李仙蕙の墓である。この墓は南北長さ 275m、東西幅 220m の墓域内に長さ幅とも 56m、高さ 14m の方錐台形の墳丘を有し、墳丘はみごとな版築で築造されている。墓域内に全長 87.5m の墓道・甬道・墓室があり（図 73）、墓道に沿って 8 つの小龕が掘られ、小龕には陶俑や生活用具が納められていた。甬道と墓室は塼積である。後室の西側には石槨が置かれ、石槨には女官等の図象が線刻されている。墓室と墓道

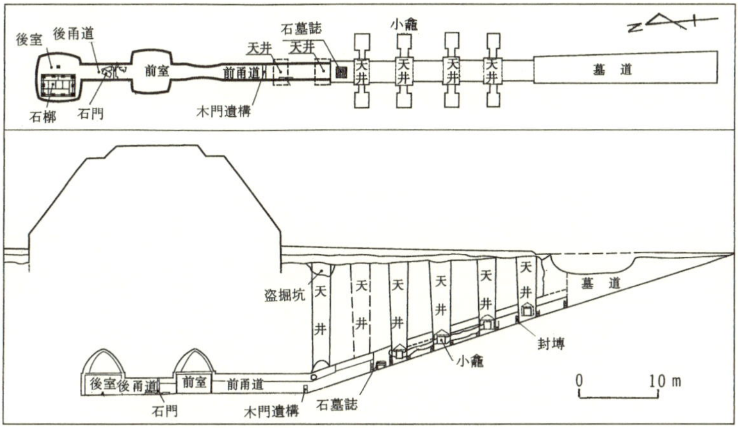

図 73　永泰公主墓の平面・断面図（王巍總主編 2014）

図74　永泰公主墓の前室東壁壁画模写

の両壁には、青龍・白虎・儀仗・侍女などの壁画が（図74）、また後室の天井には天体が描かれていた。この墓は早くに盗掘を受けていたが、1,300点余りの副葬品が残り、それらには先述の陶俑のほか、陶器・磁器・唐三彩・金器・銅器・鉄器・玉器などがあった（図75）。

第4節　隋唐時代の窯業遺構と遺物

隋唐時代の遺跡や墓からは膨大な量の陶磁器が発見されているが、多くの磁器窯が調査され、また発掘されている。浙江省で発見されている唐代の磁器窯は、晋以来の越州窯の伝統を受け継いでいる。同省の温州県の西山窯や慈溪市の上林湖窯が知られ、これらの遺跡は調査が行われている。上林湖岸一帯に分布する窯址群を上林湖窯と呼んでいるが、上林湖窯では大量の越州窯系の磁器の破片が発見され、その中に大中四（850）年銘のある甕や龍徳二（922）年銘のある墓誌瓶があり、上林湖窯の全盛時代が晩唐から五代であることを示していた。上林湖窯の青磁は美しい青黄色釉と、印紋と刻紋による多彩な紋様図案が特色である。

湖南省の唐代の窯址としては湘陰県の岳州窯や長沙市の瓦渣坪窯などが知られる。岳州窯磁器は豆緑色釉が最も多く、その技術は越州窯に及ばない。瓦渣坪窯磁器の特色は青釉の下に褐緑色の紋様を焼きだしていることである。江西省の景徳鎮からも唐代青磁が発見されているが、製作技法は岳州窯の遺物に近い。景徳鎮では唐代の白磁が発見され、河南省鞏義市と河北省磁県では隋唐代の白磁窯・青磁窯が発見されている。鞏義市北山口鎮の白河窯は隋代に青磁を、唐代には白磁と三彩器を焼成し、三彩器は大黄冶窯・小黄冶窯の製品にひけを取らない。また河北省磁県の賈壁窯は、隋代の重要な青磁産地のひとつである。ここの青磁は胎土が厚く、釉は透明である。隋代の墓に副葬された白磁には賈壁窯の製品がある。

図 75　永泰公主墓出土の陶器　1. 黄釉罐、2. 赭釉奩《しゃゆうれん》、3. 唐三彩馬、4. 唐三彩駱駝

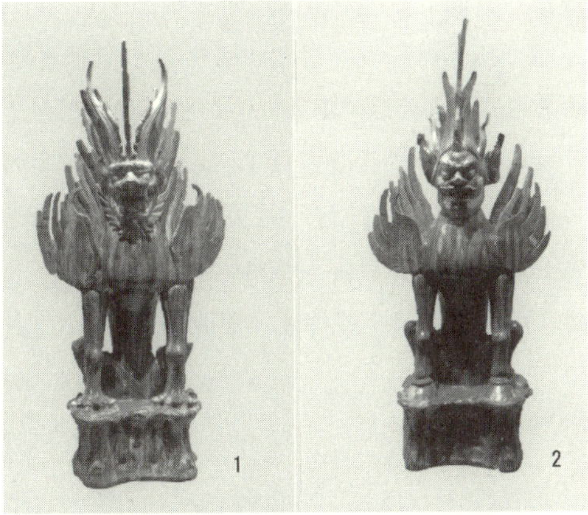

図 76　章懐太子墓出土の唐三彩鎮墓獣

唐三彩は胎土が白く、釉色は黄・白・緑

を基本とし、800 〜 1,100 度の比較的低温で焼成されているが、唐高宗時期に墓の副葬品として大量に出現し、鎮墓獣など大型のものも作られるようになる（図 76）。河南省鞏義市の大黄冶窯・小黄冶窯・白河窯など黄冶両岸の鞏義窯址群において唐三彩の日常用具・陶俑などが生産され、盛唐から中唐が最盛期である。唐三彩製造の技術は、渤海や日本などの東アジア周辺地域にも伝えられ、それらの地域では伝えられた唐三彩が出土するほか、渤海三彩や奈良三彩と呼ばれる倣製品*も作られた。

隋唐時代の多くの陶磁器窯の存在は、隋唐社会における陶磁器の需要が拡大し、華北・華南いずれにおいても陶磁器が焼成されていたことを物語っている。しかし、地域における窯業技術と原料は異なり、地域ごとに独特の特色が生まれている。

2. 長安出土の蓮華紋瓦当

長安城の宮殿址や寺院址からは、相当量の蓮華紋の瓦当が出土している。含元殿・麟徳殿・太液池周辺・興慶宮・青龍寺・西明寺などの各遺跡から類似する蓮華紋瓦当が多数出土しているが、陝西省出土の蓮華紋瓦当で拓本や写真を目にすることができるのは 60 種類ほどである。実のところ蓮華紋の種類は少なくとも 80 種類以上に及ぶものと推定される。

含元殿出土の遺物を中心に、蓮華紋瓦当のいくつかの拓本を示した（図 77）。含元殿における 1995 〜 1996 年発掘の蓮華紋瓦は、108 点ある。それらの瓦は泥質灰陶で、基本的な瓦当面は中心から外に向かって、中房・蓮瓣・連珠紋・周縁からなる。唐代の蓮華紋瓦当の類は、内

＊倣製品（ほうせいひん）とは古代にあって中国の先進的な技術で製作された器物を日本で模倣して製作した器物で、漢代・南北朝時代の青銅鏡（漢式鏡）を模倣して製作された「仿製鏡」や唐三彩を模倣した「奈良三彩」などが代表例である。

区が単瓣の瓦当はほとんど初唐の遺物とされ、内区が複瓣の瓦当は盛唐の遺物とされる。初唐の単瓣の蓮花紋瓦当は、単瓣の間に間瓣を置く空間があるが、盛唐期の単瓣の蓮花紋瓦当は、内区に単瓣が充満し間瓣を

図77　含元殿出土の蓮華紋瓦当　7・8. 初唐、1～6・9～12. 盛唐
（中国社会科学院考古研究所西安唐城工作隊 1997）

置く空間がほとんどない。このような観点で含元殿遺跡出土の図77の蓮華紋瓦当を見ると、図77の7・8が初唐に属し、残りは盛唐に属する可能性が高い。唐長安城の麟徳殿・太液池周辺建築址・興慶宮・三清殿・青龍寺などの各遺跡からは、含元殿遺跡で出土していない各種の蓮華紋瓦当も多数出土している。

第5節　隋唐時代の金銀器

金銀器は殷・西周・春秋時代以来、魏晋南北朝にいたるまで祭祀具・装身具・飾金具・印章などの遺物として出土しているが、その量はけっして多くはない。しかし、隋唐時代に入ると、高度な技術で製作された華麗で優美な金銀器の発見例が一挙に増加する。金銀器の製作は、隋唐時代手工業の中でも特別な部門であった（図78）。

先に紹介した興化坊内と考えられる何家村遺跡で発掘された2点の陶罐と1点の銀罐から、金器・銀器・金石飾物・金貨幣・銀貨幣・銀鋌・銀餅など265点の金銀器が出土している。これらの金銀器には飲食器としての碗・盤・杯・壺などが130点、薬具としての鍋・盒・甌などが49点、水洗器としての罐・盆などが14点、日常用具としての灯明台・香炉などが32点、装身具としての腕環・簪・鈴などが40点あった。陝西省扶風県の法門寺塼塔基壇地宮からも多くの金銀器が発見されているが、それらには銀製の水碗・盒・皿・箸・小皿・香炉・籠・盆・菩薩宝函・瓶・

図78　隋唐時代の銀器　1. 提梁壺（何家村）、2. 提梁籠（法門寺）

鉢、金製の宝函・四門塔・錫杖・鉢などがあった。法門寺塔における唐代の供養は30年ごとに度々行われているが、これらの金銀器を供養物として納めた最後は、唐懿宗の咸通十四（873）年および翌年の僖宗の乾符元（874）年と考えられている。法門寺の金銀器は、唐代工芸の最高峰の王室関係の工房で作られたものと考えられている。

第6節　隋唐時代の考古学

隋唐時代は文化・政治・経済がいちじるしく進歩・拡大した時代である。この近60年の間に考古学発掘と研究によって得られた考古資料は、隋唐時代の社会・経済の水準と、芸術・文化の発展を示している。自然の山を利用した乾陵などの山陵は唐代の皇帝の権力を示すきわめて規模の大きい陵墓である。唐長安城は、7〜9世紀において世界最大の国際都市として機能しており、そこがその時代の世界的な文化・経済の中心であったことを示している。

長安城址には日本からの遣唐使や留学僧が活躍した含元殿や青龍寺遺跡が残っており、興化坊からはペルシャ銀貨、東ローマ金貨、銀製和同開珎などが発見されたが、銀和同開珎の出土は日中交流の歴史を考古学的に示すものである。7世紀から9世紀にかけて10数回にわたり日本からの遣唐使が唐王朝へ派遣されたが、遣唐使の派遣は外交的な戦略のみならず、唐の政治制度・思想・宗教・土木技術・生産技術など先進文化を取り入れる狙いが大きかった。遣唐使の往来は中華文明の拡大でもあった。

隋唐時代の考古学においては、都城や古墓に対する研究のみならず、農業技術・窯業技術・製鉄技術・金銀器製作技術などに関する考古学研究、壁画や仏像など美術関係の考古学的研究、唐三彩・陶磁器・瓦・織物・玉器・鏡など各種遺物に対する考古学研究など、研究分野はきわめて広い。特に金銀器は唐代手工業の特別な部門で、この時代に出土遺物も増加し、唐代の華やかな文化を特色づける遺物である。隋唐時代の鉄の生産はきわめて多かったと想定されるが、発掘資料としての報告・研究はすくなく、本書では個別に取り上げることをしなかった。ただ遼寧省朝陽市で発見された唐代の鉄器には、鋏・鏡・車具・鍬・鋤・斧・犂・火のし・鐎斗・鐙・鏃・釘などがあった。

付　録

Ⅰ　用語解説

1．青銅器について

①青銅器の器形

中国の青銅器には、一般的な道具としての農工具や武器も多く含まれているが、禮楽に用いる青銅器を禮器あるいは彝器と呼び、禮器として用いる特殊な容器と楽器が青銅器の大多数を占めている。そのほかに武器・車馬具もある。

青銅器の器形名称は、中国古来の名称で呼ばれ、難解な名称が多い。用途別に分類する以下のようである。

食器（図 79-1 ～ 3）

煮炊用：鼎・鬲・甗

盛食用：簋・盂・盨・簠・敦・豆

酒器

盛酒用：尊・鳥獣尊・方彝・卣・罍・壺・瓿・兕觥・鍾・鈁

温酒用：爵・角・斝・盉

飲酒用：觚・觶・杯

水器

盛水用：盤・鑑・盂・洗

注水用：匜

楽器（図 79-3）

鐘・鎛・鐃・鉦・鐸・錞・鈴・鼓

武器・武具（図 80）

戈・戟・矛・鉞・刀・剣・鏃・弩機。

②青銅の容器（図79－1・2・3）

鼎（てい）：彝器の中で、中心的な役割を果たす肉類を煮る三足または四足の容器。足は円柱状で口縁部に対の直立する耳が付く。器身平面形が円形のものを円鼎、方形のものを方鼎と呼んでいる。

鬲（れき）：三足または四足の袋足をもつ煮沸用具である。容器内に水を入れ火にかけて加熱し、穀物を煮・蒸す。

甗（げん）：穀物や肉類を蒸す煮沸具で、下部の鬲と上部の甑からなり、鬲部の水を加熱し、蒸気で甑部の穀物や肉類を蒸す。

簋（き）：鼎についで彝器の中で中心的な役割を果たす容器である。飯（米・粟・黍）を盛るための器身の深い容器で、対になる把手を有し、圏足と蓋が付く。圏足下に三足や方台のあるものもある。

盂（う）：盛飯の器で、深鉢状の器身に対の把手と圏足が付く。簋や鑑と区別の困難な器形も多い。

盨（しゅ）：簋の器身の横断面円形の形を隅丸長方形にした器形で、穀物を盛る青銅容器である。一般に蓋を有する。

簠（ほ）：盨の器身の横断面を長方形にした器形で、身と蓋が同形のものが多く、切り込みのある方台と左右対称の耳が付く。

敦（たい）：飯（米・粟・黍）や肉類を盛る容器で、半球形或いは半卵形の身と蓋からなる。身には三足が、蓋には三鈕が付く。

豆（とう）：肉や野菜の塩漬や乾物を盛る有蓋の高杯。深い器身と高い圏足を有している。

尊（そん）：酒を入れる大型の容器。口が大きく開き、胴が張り出し、高い圏足が付く。胴が大きく膨れ肩が張る有肩尊と、筒形の筒形尊、さらに胴と頸部に界がなく胴部下部が膨れる觶形尊の３種類の器形がある。鳥獣の形を呈した鳥獣尊も酒を蓄える容器で、鳥獣尊には、梟・象・犀・牛・羊などの姿を写した器形がある。

方彝（ほうい）：箱形の器身と屋根形の蓋を有する酒を蓄える容器。方形の尊の一種ともいえる。

卣（ゆう）：壺形を呈し、提梁と蓋を有する酒を入れる容器である。器身の下腹部が膨らみ、圏足が付く。

罍（らい）：水や酒を入れる壺形に近い容器で、肩部近くに最大径あり、肩部に半環形の把手が付き、圏足を有する器形が多く、蓋のあるものもある。

壺（こ）：酒を入れる容器。青銅器の壺は胴部が膨らみ、頸部が細まり、底部に圏足が付き、蓋が付く。肩部に鋪首・耳環の付くものも多い。腹部・頸部の横断面が方形を呈するものを方壺と呼ぶ。

瓿（ほう）：酒や水を入れる貯蔵容器。広口・鼓腹で肩が張り、器身は太い。多くは圏足を有し、肩部に犠首や獣耳が付く。

鍾（しょう）：壺のなかで腹部の横断面が円形の容器の名称である。頸部がつぼまり、鼓腹で、肩部に鋪首と底部に圏足が付く。漢代の円形壺をこの名称で呼ぶ。

鈁（ほう）：壺のなかで腹部の横断面が方形の容器の名称である。頸部がつぼまり、腹部が太く、肩部に鋪首と底部に方台が付く。漢代の方壺をこの名称で呼ぶ。

兕觥（じこう）：注口と把手を有する怪獣形で有蓋の容器。注ぎ口のある器身に、象・虎・有角獣などの怪獣形の蓋をつけている。

爵（しゃく）：酒を暖め、飲むための三足器。相対する注口と尖った尾を有し、口縁部に柱が、肩部から腰部に掛かる把手が付く。底部が平らな器形を平底爵と呼ぶ。

角（かく）：爵に類似した三足の酒器であるが、口縁部が両方向に尾状に突出し、把手が付く。蓋を有するのが一般的である。

斝（か）：酒を暖める三足器であるが、その器形は爵から注口と尾を無くした器形である。一般に口縁は平らで平底を基本とする。

盉（か）：筒状の注口を有する三足ないしは四足の温酒器。夏殷時代の盉は鬹から変化した器形と考えられ、鬹の樋状注口が筒状注口に変化し、三袋足を有する。東周時代の盉は薬缶に三足の付いた器形で、把手または提梁と蓋を有し、圏足を有する器形もある。

觚（こ）：コップ形の器に圏足の付いた器形である。口がラッパ状に大きく開き、胴部から底部が細く、圏足部は開いている。

觶（し）：細身尊形の飲酒器である。器身の横断面が楕円形を呈し、口が開き、圏足が付き、蓋を有する。

杯（はい）：平面が楕円形を呈する鉢形の器をしばしば杯と呼んでいる。また円錐形杯と呼ばれるガラスコップ形・ワイングラス形・コーヒーカップ形の青銅器もある。

盤（ばん）：平たく大円形で圏足の付く器である。手を洗うのに用い、匜で水を注ぎ盤で受けた。

鑑（かん）：大型の盆形あるいは鉢形の容器で、一般に圏足と二つないしは四つの把手が付く。

洗（せん）：大型の盆形の容器で、口縁部が外折している。対の把手が付き、底部に盤龍紋や亀魚紋の紋様がみられるものもある。漢代から南北朝にかけて知られる。

匜（い）：注水の道具である。長軸方向に片口の注口が付き、反対側には把手がある。四足をもつものが多いが、圏足の付くものもある。

③青銅の楽器（図79-3）：

鐘（しょう）：楕円筒形で天井部に円柱状あるいはコ字形の釣り手のつく打楽器である。相似形の複数の鐘を吊し、大から小へ順次並べ、槌で叩き音階を組み合わせて奏で、これを編鐘と称している。

鎛（はく）：鐘を大型にした打楽器で、単独で用いられる。

鉦・鐃（しょう・どう）：外形が鐘に似ていて、棒状の柄が付いている。柄を握り、かねの部分を上に向けて、槌で叩いて鳴らす打楽器である。春秋時代以降のものを鉦と呼び、殷代から西周初期の中空柄を有し小型のものを鐃と呼ぶことがある。

鼎

方鼎

鬲

甗

簋

簋

盂

盨

簠

敦

豆

爵

斝

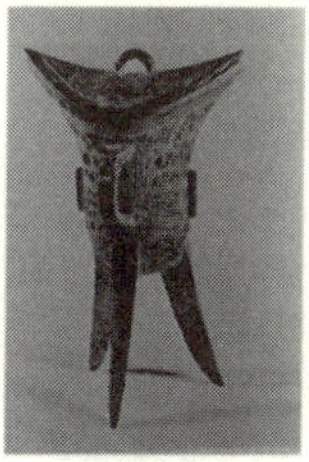

角

図 79-1　青銅器の器形名称

盉

觚形尊

有肩尊

方彝

瓿

瓿

鳥獣尊

卣

罍

罍

兕觥

壺

方壺

鍾

鈁

図 79-2　青銅器の器形名称

觚

觚

觶

杯

匜

鑑

盤

盤

杯

洗

鐘

鎛

鐃

鼓

図 79-3　青銅器の器形名称

鐸（たく）：鉦または鐘に似た形を呈するが、舌がある。鉦や鐘が槌や棒で叩くのに対して、鐸は柄をもって振って鳴らす。

錞（じゅん）：打楽器である。筒形で底がなく、上部が太く肩が張っている。上面は平らで虎形などの鈕がつく。

鈴（れい）：鈴も鐸も内側に舌があり、揺れると器身と舌がぶつかり音を発する。鈴は上に鈕があり紐で吊るす。

鼓（こ）：木製皮張り太鼓である。青銅の鼓は木製皮張り太鼓の模造と考えられる。青銅鼓の打面部に鰐皮を表現したものがある。

④青銅の武器（図80）

戈（か）：戈は句兵の武器で、剣形の刃に木柄を装着した形は鎌形となり、先端は鋭い鋒形で、身部は両刃となっている。引っかけることにより相手に打撃を加える。

矛（ほこ）：槍の如く刺突して攻撃する武器。切っ先は鋒形を呈し、柄が装着される元には袋状の穴がある。

戟（げき）：句兵である「戈」と刺突具である「矛」を組み合わせ、木柄を付けた武器を一般に戟と呼んでいる。戈と矛を合鋳した一体型のものと、戈と矛が別個体のものがある。

鉞（えつ）：大型斧の別名。新石器時代の大型の有孔玉斧・有孔石斧もこの名称で呼ばれる。刃の幅が広く、刃と平行に柄をつける。

殳（しゅ）：杖の先端に筒状の被金具の付いた武器。この被金具のみを「殳」と呼ぶこともある。

刀（とう）：庖丁形あるいは鉈形の武器。「刀」の名称で呼ばれる青銅武器や工具・調理用具には各種の形があり、それぞれ異った用途に用いられたと思われる。殷・西周時代には長刀と呼ばれる木柄を装着し、ナギナタの如く用いたと思われる武器も存在する。

剣（けん）：切っ先が尖り、両刃で、握り柄のつく武器で、鞘を伴う。青銅剣は、西周時代に出現し、春秋戦国時代に盛行している。

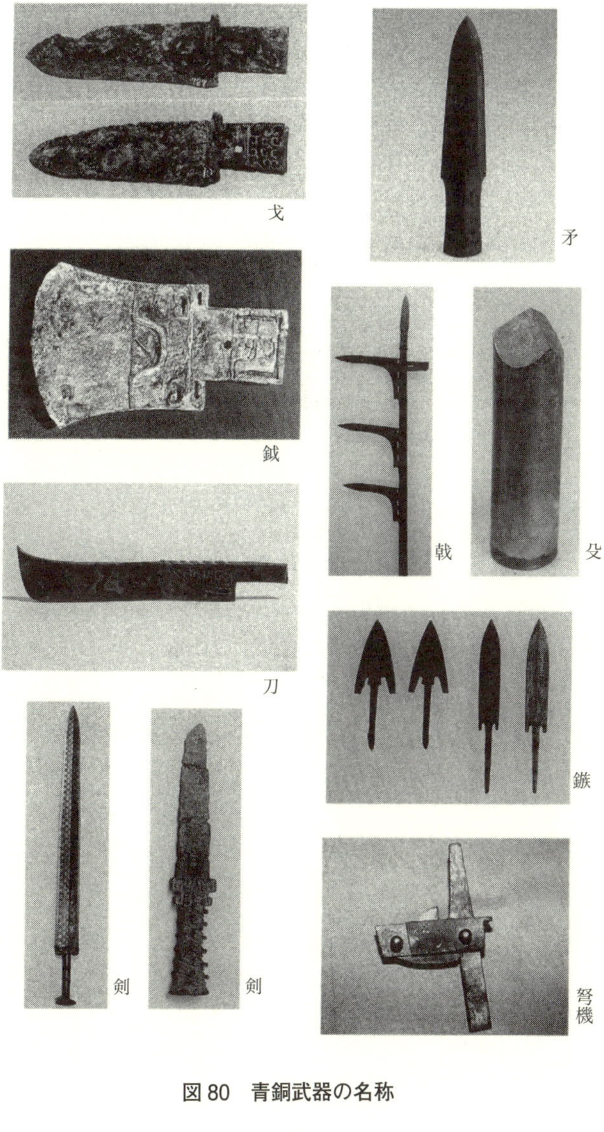

図 80　青銅武器の名称

鏃（ぞく）：矢尻のこと。矢の先につける利器。青銅の鏃は、二里頭期に出現し、殷周時代に広く用いられた。

弩機（どき）：弩は弓の一種で、弩弓と称されることもある。弓の中央に臂《ひ》と呼ばれる矢の装着台が直角に着き、臂の後端には引き金である弩機が装着される。臂に刻まれた溝に矢をおいて、弩機と弦によって矢を発射する。

⑤青銅器の紋様（図81）

青銅器には饕餮紋・夔龍紋・夔鳳紋・竊曲紋・環帯紋（波帯紋）・蟠螭紋・羽状紋・雷紋・鱗紋・重環紋・蝉紋・四弁花紋・円渦紋・円圏紋・虺紋・盤龍紋などの紋様が施されている。

饕餮紋（とうてつもん）：左右に巨眼が配置され、中央に大きな鼻があり、獣面の形を呈する紋様。巨眼の上に角があり、巨眼の左右に耳が描かれる場合もある。鼻・巨眼・角・耳の間の空間は雷紋と呼ばれる細い渦巻き紋で埋められていることが多い。饕餮紋の鼻を中心に左右に分けると怪獣の側面を表現している場合も多く、この怪獣の姿を夔龍と呼ぶこともある。饕餮紋は、表現された巨眼を魔除けであるともいい、また邪視とする考えもあるが確かではない。また饕餮紋を貪婪《ひんらん》な悪獣である饕餮の形とする説もある。

夔龍紋（きりゅうもん）：龍頭に似た頭をもつ怪獣の側面を表現した紋様。夔は一足の物の怪であるといわれ、殷周青銅器によくみられる。単独の夔龍紋は、大きく開いた口をもつ龍頭から胸と胴が伸び、尾は後方でまき上がっているが、実際に青銅器に描かれている夔龍は一足とは限らない。夔龍紋が退化し、変化すると竊曲紋になり、退化した夔龍が連続して絡み合うと蟠螭紋となる。

夔鳳紋（きほうもん）：夔鳳は一足の鳳凰である。鳥頭で長身の怪獣を側面から描いた殷周青銅器の紋様であるが、実際に描かれている夔鳳は一足とは限らない。夔鳳紋の夔鳳は頭に冠があり、目・嘴・翼・尾などが表現され、地紋には雷紋が施される。

竊曲紋（せっきょくもん）：S字形の夔龍紋の頭部が退化した紋様である。S字形に身が展開し、S字の要部分には巨眼が表現されることが多く、地紋には雷紋がみられる。

環帯紋（かんたいもん）：波状の横帯紋で波帯紋と呼ばれることもある。竊曲紋が変化し、連続して波状を描いている紋様もあり、この場合は波状の中央に巨眼や段が残っている。波状紋の空間は、竊曲紋・羽状紋・重環紋などで埋められる。

重環紋（じゅうかんもん）：D字形鱗状の紋様が横に連なり、横帯を形成する紋様。

鱗紋（りんもん）：D字形鱗状の紋様を縦方向あるいは横方向に重ね並べた紋様。縦方向のものは垂鱗紋とも呼ばれることもある。

蟠螭紋（ばんちもん）：折曲して絡み合った細かな夔龍が連続する紋様。細身の夔龍が頭を反転させ、尾を巻き込み、身をS字に湾曲し、連続して複雑に絡み合うのが蟠螭紋である。

羽状紋（うじょうもん）：蟠螭紋の夔龍が退化し、頭が小円形に変化し、短身が湾曲して絡み合う紋様。戦国時代の青銅容器の他、戦国鏡にも類例がある。

雷紋（らいもん）：鉤形の渦巻紋様。雷紋は、方形あるいはS字形の渦巻紋が連続して紋様を構成する。雷紋は地紋として用いられるほか太い雷紋自体が主紋として用いられることもある。

四弁花紋（しべんかもん）：巨眼を中心に置き、対角の四方向に花弁を配した紋様。

円渦紋（えんかもん）：円形紋様の一種。外周の円から中心に向かって4本ないし5本の蕨手が伸び、中心には乳状の小円紋がある。

目雲紋（もくうんもん）：Z字ないしはS字紋の両端あるいは中央に巨眼を配した連続横帯紋。

蝉紋（ぜんもん）：蝉形の紋様で殷周青銅器や白陶に施される。扁平な頭と目、三角形の身、両翼が表現される。蝉紋が横方向に連続して横帯紋を形成する。単独の蝉紋が縦に表現される場合もある。

虺紋（きもん）：虺を表現した殷周青銅器の紋様。虺は足も角もない蛇である。顔・身・尾が表現され、身は鉤状に湾曲する。

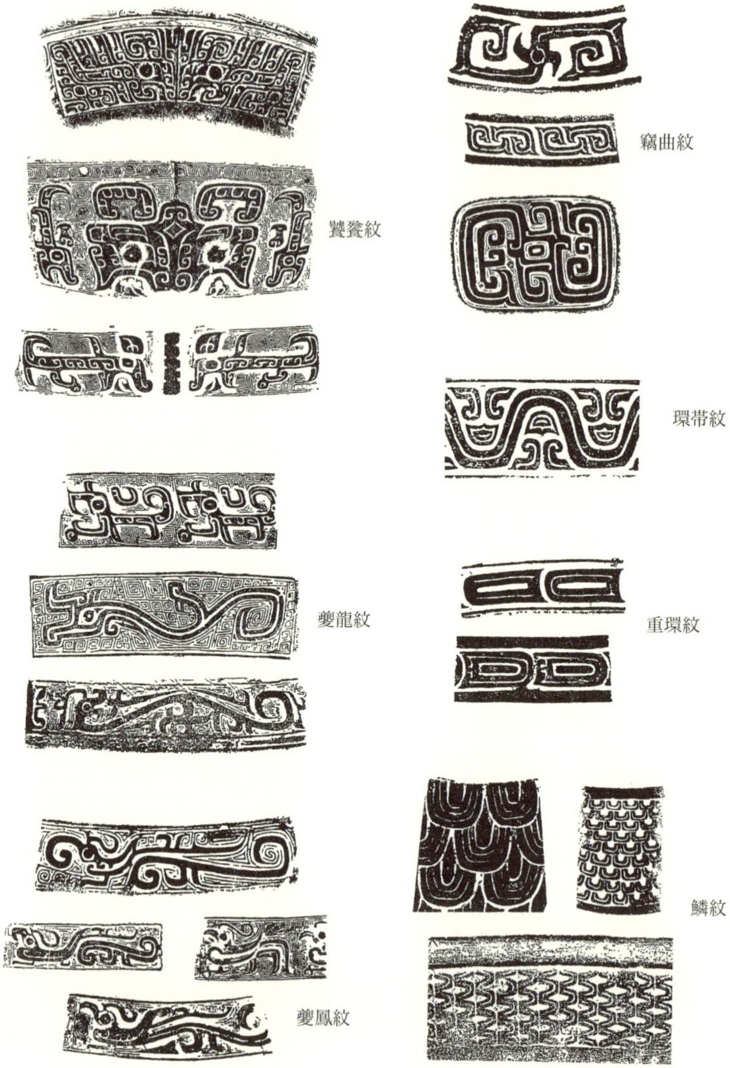
饕餮紋
夔龍紋
夔鳳紋
竊曲紋
環帯紋
重環紋
鱗紋

図 81-1　青銅器の紋様

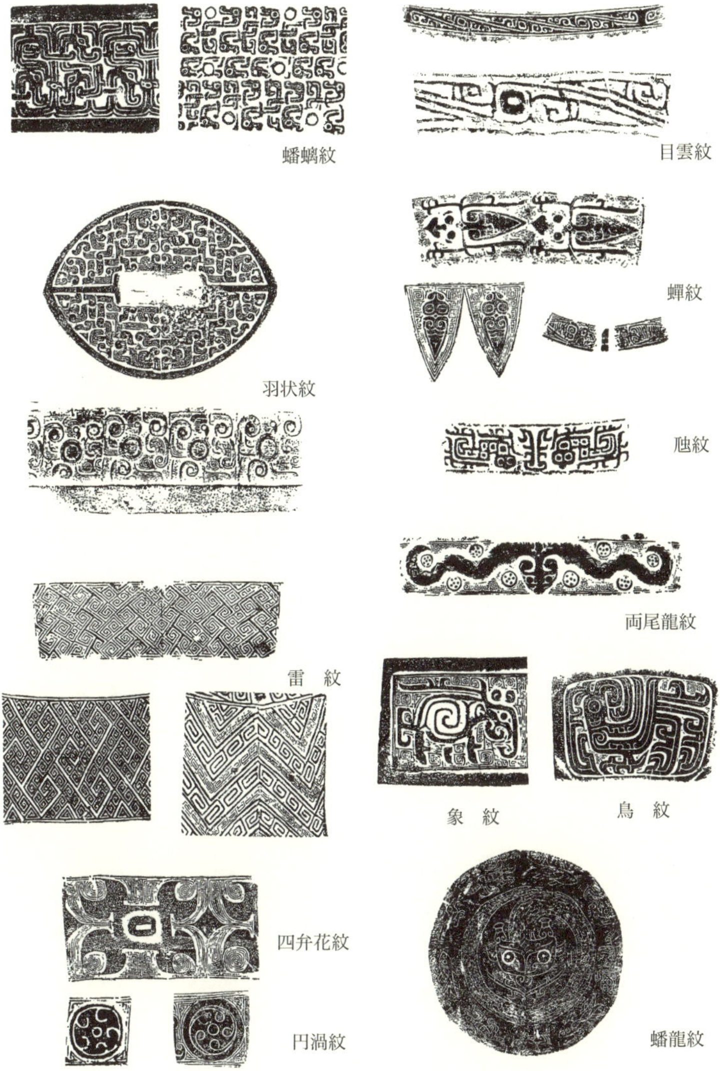
蟠螭紋
目雲紋
蟬紋
羽状紋
虺紋
両尾龍紋
雷　紋
象　紋
鳥　紋
四弁花紋
円渦紋
蟠龍紋

図 81-2　青銅器の紋様

両尾龍紋（りょうびりゅうもん）：一頭・両身・両尾の龍紋。一頭で首から身が左右に分かれ、頭を中心に対称形を描く。

象紋（ぞうもん）：象を表現した殷周青銅器の紋様。一般には側面からみた象を表現する。

鳥紋（ちょうもん）：鳥の側面を表現した殷周青銅器の紋様。夔鳳紋に比較してより写実的な紋様で、鳳凰の表現かもしれない。

蟠龍紋（ばんりゅうもん）：蟠龍紋は頭を中心にどくろを巻き、まだ天に登らない龍の紋様である。盤龍と書かれることもある。

2．玉器について（図82）

中国古代の玉器は、軟玉を用いて製作した遺物である。軟玉はカルシュウムとマグネシウムの珪酸塩からなる角閃石の類で、硬度6～6.5、比重2.9～3.1の鉱物である。乳白色のものが多いが、緑色・黄色・紅色のものもある。玉器の名称には、古典文献等にみられる名称を遺物に与えた場合と、器形に即した名称を作成して用いている場合がある。殷周時代の玉器の多くは、禮楽の器である。

璧（へき）：円形板状で環形の玉器を璧と呼ぶ。類似した環形の玉器名称として「環」「瑗《えん》」などの名称がある。瑞玉《ずいぎょく》・祭玉の中で最も重要な玉器で、天円を祭るのに用いるという。

琮（そう）：外形は方柱状を呈し、長軸にそって円形の穴が貫通する枡形あるいは方柱形の玉器。外壁面には、獣面紋あるいは巨眼が紋様として刻まれる遺物も多い。璧と同じく瑞玉・祭玉の一種で、地方を祭るのに用いるともいう。

璜（こう）：璧を二分の一あるいは三分の一ほどに切断した弧形板状の玉器。

璧鉞（へきえつ）：璧に刃部と牙飾をつけた玉器。殷代から西周期に多く、禮楽の器の一種である。

鉞（えつ）：大型の斧形玉器を特に玉鉞と呼ぶ。禮楽の器の一種である。

玉斧（ぎょくふ）：磨製石斧に類似する玉製の斧。有孔のものも多い。良渚文化・龍山文化に多くみられるが、殷代の遺物も少なくない。実用に使われた斧では

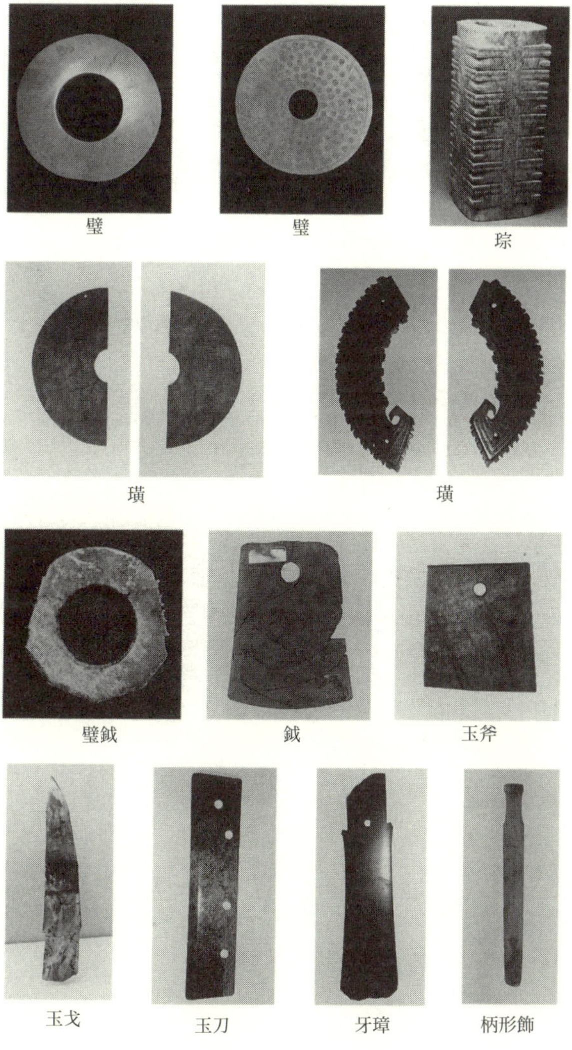

図 82　玉器の器形名称

なく、禮楽の器の一種である。

玉戈（ぎょくか）：青銅戈の形を模倣した玉製の戈。殷・西周時代に多くみられるが、春秋時代にいたるまで用いられた。

玉刀（ぎょくとう）：石庖丁形の玉器。新石器時代・夏代・殷代に多くみられる。実用の収穫具ではなく、禮楽器の一種と思われる。

牙璋（がしょう）：器形は上方の柄部と下方の身部からなる。柄部は長方形を呈し中央に一つの小円孔があく。柄部と身部の境の両側に鋸歯状の牙飾の付くものが多い。下端は斜めに削がれた刃部となっている。

柄形飾（へいけいしょく）：細長の玉器で、頭部に凹み状の抉りがある。この玉器が柄形飾と呼ばれる理由はこの器が何かの柄の形状に似ているからである。

3．土器について

①土器の種類

中国の土器は、焼成と胎土の状況によって、紅陶・灰陶・黒陶・卵殻黒陶・白陶・硬陶などの名称がある。また紋様によって、彩陶や印紋陶等の名称が用いられる。

紅陶（こうとう）：中国の新石器時代の紅褐色土器の総称。胎土の荒い夾砂紅陶と胎土の細かい泥質紅陶がある。紅陶は酸化焔で焼成された土器で、灰陶類に比較して、空気を自由に流通させ、比較的低温度で焼成している。紅陶系の土器は、全時代的にまた全国的にみられるが、紅陶は特に仰韶文化を代表する土器でもある。

灰陶（かいとう）：龍山文化から殷周時代にかけて広く用いられた比較的硬い灰色土器の総称。灰陶は還元焔で焼成された土器で、紅陶類に比較して、空気の流通を少なくして、比較的低温度で焼成している。泥質灰陶と呼ばれる胎土の細密な土器と、夾砂灰陶と呼ばれる胎土の荒い土器に分類され、吸水性は低い。

黒陶（こくとう）：黒色の研磨土器で龍山文化を特色づける。黒陶には比較的厚手の泥質黒陶と、超薄手の卵殻黒陶と呼ばれる黒陶がある。後者は胎土も黒色である。研磨した土器を、焼成終了近くに至ったとき窯の焚口を閉じ、水をたらし燻して、煙を出し、黒色に仕上げたものと考えられている。卵殻黒陶は山東龍山文化の遺物に限られるが、厚手の黒陶は、山東・河北・河南・陝西・山西・湖北・甘粛省内の龍山文化および併存文化に広くみられる。

白陶（はくとう）：陶土を用いた白色の土器を白陶と呼ぶ。鉄分の少ない良質の陶土を用い、1,100 度前後で焼成された殷代後期の白色硬質土器が白陶の代表例となっている。今日知られる遺物の多くが殷墟遺跡からの出土遺物である。殷代白陶の器形は、その時代の青銅彝器の器形に準じ、紋様には、青銅器の紋様と同じ饕餮紋・夔龍紋・雷紋・蝉紋などがある。

原始磁器（瓷器）・釉陶器・原始青磁（青瓷）・灰釉陶器（げんしじき・ゆうとうき・げんしせいじ・かいゆうとうき）：夏殷周時代の帯釉している硬陶の類。この種の陶器は、原料に白陶土を用い、高温焼成を行い（1,200 度前後）、表面に青灰色釉が掛かり、中国では原始磁器・釉陶器の名称で呼ばれている。日本では原始青磁・灰釉陶器の名称で呼ぶことがある。二里頭文化時代からみられ、西周時代に盛行し、東周時代までの帯釉陶器をこれらの名称で呼ぶ。

硬陶（こうとう）：新石器後期から漢代にかけて存在する硬質土器の総称。焼成温度が比較的高く、よく焼け締まり、吸水性はきわめて低く、叩くと金属音がする。中原地区においては、殷周時代の土器に硬質土器があり、あるものは細方格紋などが施され、帯釉しているものを特に原始青磁と呼ぶ。

粗陶（そとう）：中国において、砂混じりの粗い粘土によって焼成された土器。粗質土器あるいは粗製土器と呼ばれることもある。中国新石器時代の土器は、大きく紅陶と灰陶に区分されるが、それらの土器はさらにそれぞれ泥質陶と夾砂陶に区分され、その結果、夾砂紅陶・夾砂灰陶と呼ばれる土器群があり、この夾砂紅陶・夾砂灰陶中の粗製土器が粗陶である。

細泥陶（さいでいとう）：胎土が、細密な泥質陶の名称。泥質陶は新石器文化前期の裴李崗文化の土器中にすでにみられるが、新石器文化の泥質系の土器には、泥質紅陶・泥質灰陶・泥質黒陶・泥質黒衣陶などが存在する。細泥陶は、細かな砂を混ぜた夾砂陶と異り、陶土の水洗を行い細かい粒子の陶土を用いている。西安の仰韶文化半坡遺跡出土の鉢・碗・盆類は、ほとんどが細泥陶である。龍山文化のこの種の典型的な遺物は、いわゆる卵殻黒陶である。

彩陶（さいとう）：良質な紅陶の表面に彩色を施した土器、新石器時代中期・仰韶文化の土器を代表とする。しかし、紅陶に彩色を施した土器は長期にわたって使用され、仰韶文化のほか龍山文化の後までその存在が知られる。仰韶文化の彩陶は黒色・赤色・こげ茶色・白色などの彩色が多く、一般には筆で彩色を施している。焼成後に紋様を描いた土器もある。彩陶の紋様としては、人・鹿・鳥・蛇・魚などの動物形紋や植物紋のほか、三角紋・鋸歯紋・網目紋・花弁紋・幾何学紋・渦紋などがある。

縄紋土器・縄蓆紋土器（じょうもんどき・じょうせきもんどき）：表面に縄目による紋様が施されている土器。縄紋土器の名称は日本の縄紋土器と同じであるが施紋の方法は異なるので別の土器と考えるべきである。叩板に撚目のある紐を巻き、それを用いて土器の表面をたたき整形を行い、その結果、土器の表面に縄目紋様が付いた土器である。

印紋陶（いんもんとう）：表面に印紋の施された土器を印紋陶と呼ぶ。印紋は叩き板に彫られた紋様が土器の表面に反転して刻まれた紋様である。東南海沿岸地域においては新石器時代後期から漢代にいたる長期にわたって、土器の表面に方格紋・渦紋・米字形紋・葉脈紋・Ｆ字形紋・波状紋などの各種印紋を施した土器がみられ、印紋に幾何学的な紋様が多いため、幾何学印紋土器とも呼ばれている。これらの土器は焼成温度の差からくる土器の硬軟によって、それぞれ印紋軟陶、印紋硬陶と呼ばれている。

②土器の器形（図83）

中国の土器の器形名称には、古代青銅器の器形名称を利用して、類似した器形の土器の名称として用いる場合がある。

鼎（てい・カナエ）：釜・罐・鉢形の器身に三足（３脚）が付いた容器である。殷周時代青銅鼎の器形に類似した土器器形を鼎の名称で呼ぶことが多い（図

83の1・2)。

鬲（れき）：袋状の三足を有する容器で、穀類の煮沸に用いられた。鬲の上に甑をのせ穀類を蒸す場合も多かった（図83の3・4)。

斝（か）：袋足状の三足を有する容器。殷代以降は把手を有する器形が一般的である。新石器時代における斝の器形には、殷代青銅斝とは異なった器形も含まれ、鬲に近い器形も多い（図83の5・6)。

鬹（き）：鬲形袋状の三足を有し、把手と樋状の注が付く容器。盉の祖形とも考えられる（図83の7・8)。

盉（か）：鬲形袋状の三足を有し、把手と筒形の注が付く容器。盉は鬹の器形が発展変化して出現した器形と考えられる（図83の9・10)。

甑（そう・コシキ）：盆あるいは罐型土器の底部に孔のある器形。鬲や釜と組み合わせ、粟や米などの穀類や、粽・餅・芋などを蒸す道具（図83の11・12)。

甗（げん）：下部が袋足状の三足ないしは四足で、下部の鬲と上部の甑を一つに連結した蒸すための煮沸器（図83の13・14)。

釜（ふ・カマ）：鉢形円底の容器で、穀類、その他食物の煮沸に用いる。竈にのせて用いたと推定される（図83の15・16)。

罐（かん）：大口で口縁がつぼまる。鼓腹・深腹のツボ形あるいはカメ形の各種容器の名称。一般には平底であるが円底の器形も存在し、単耳あるいは双耳のものもある（図83の17・18)。

壺（こ・ツボ）：小口・短径で、長頸・鼓腹のツボ形容器。各種の器形が存在し、双耳のものも存在する（図83の19・20)。

缸（こう）：大口のカメ。尊の器形に類似する（図83の21)。

甕（よう・カメ）：広口のツボ形器。円肩・鼓腹の遺物が多い（図83の22)。

尊（そん）：大口のカメ形容器。殷周時代の陶缸・甕の器形に類似するものも多い（図83の23)。

大口尊（だいこうそん）：殷・西周時代にみられる超大口の甕型容器。殷代のものは円底で西周期のものは平底である（図83の24)。

瓶（びん）：細口・長頸・鼓腹のツボ形容器。壺の器形に類似するが、細長い頸

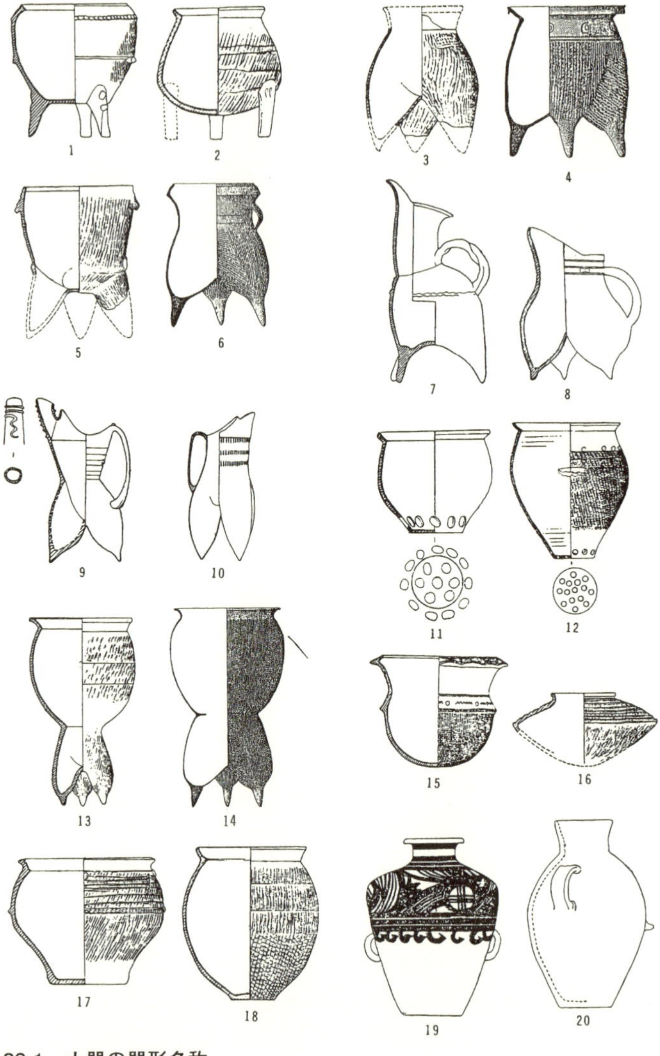

図 83-1　土器の器形名称

1・2 鼎、3・4 鬲、5・6 斝、7・8 鬹、9・10 盉、11・12 甑、13・14 甗、15・16 釜、17・18 罐、19・20 壺

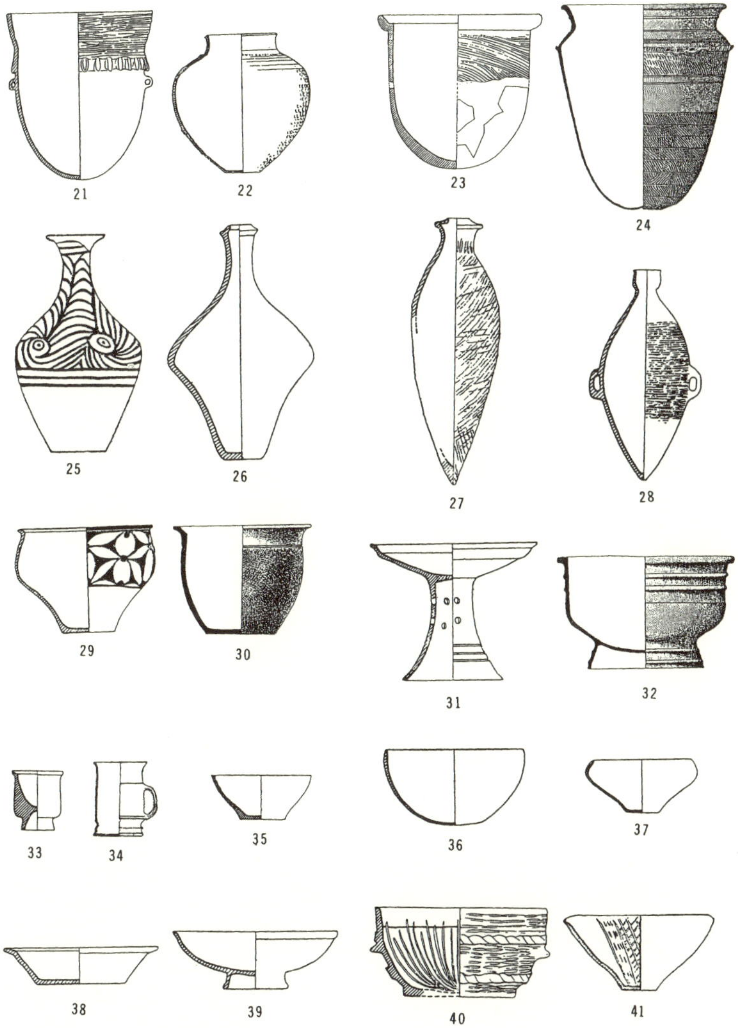

図 83-2　土器の器形名称

21 缸、22 甕、23 尊、24 大口尊、25・26 瓶、27・28 尖底瓶、29・30 盆、31 豆、32 簋、33・34 杯、35 碗、36・37 鉢、38・39 盤、40・41 澄濾器

に特色がある（図83の25・26）。

尖底瓶（せんていびん）：細口・尖底で器身の長い、ツボ形の容器で肩部あるいは腹部に双耳が付く器形が一般的であるが、耳のないものもある。仰韶文化の特徴的器形である（図83の27・28）。

盆（ぼん）：大口で器身の浅いハチ形容器（図83の29・30）。

豆（とう）：高杯《たかつき》形の器形で、皿と脚部（圏足部）からなる（図83の31）。

簋（き）：盆あるいは鑑に圏足の付いた器形である。殷周時代の青銅器の簋形に類似する（図83の32）。

杯（はい・ツキ）：カップ状の小形容器。一般に側壁が直立し、平底の器形を杯の名称で呼んでいる。把手や圏足の付くものもある（図83の33・34）。

碗（わん）：茶碗状の小形容器（図83の35）。

鉢（はつ・ハチ）：我国のハチ形容器に類似する器形。大口で、平底や円底の器形がある（図83の36・37）。

盤（ばん）：大口で、浅腹の容器。平底が一般的で、圏足を有する圏足盤や三足を有する三足盤も存在する（図83の38・39）。

澄濾器（ちょうろき・スリバチ）：ハチ形器の内壁に細い縦溝を放射状に刻んだ擂鉢。一般に平底で、片口の注口を有するものも存在する（図83の40・41）。

③土器の紋様（図84）

中国の土器・陶器に施される基本的な紋様には次のようなものがある。

縄紋（じょうもん）：縄目状の紋様。叩板に撚紐を巻き、それを用いて土器の表面をたたくことによって形成された紋様。中国の新石器時代、殷周時代の土器に最も一般的にみられる地紋。荒い縄紋を粗縄紋、細かな縄紋を細縄紋とも呼ぶ。この紋様は縄蓆紋の名称で呼ばれることもある。（図84の1・2）。

籃紋（らんもん）：篦目状の紋様。叩板に平行の沈線を刻み、それを用いて土器を整形したためにできた紋様。龍山文化の土器の地紋として顕著にみられる（図84の3・4）。

方格紋（ほうかくもく）：格子目状の紋様。格子が突出し、方形部が凹む。叩板の方格紋様が反転して土器に残っている。龍山文化から二里頭文化の土器の地紋として顕著にみられる（図 84 の 5 ～ 8）。

葉脈紋（ようみゃくもん）：葉脈状の紋様。華南以南の印紋陶系の土器に比較的多い紋様である（図 84 の 9・10）。

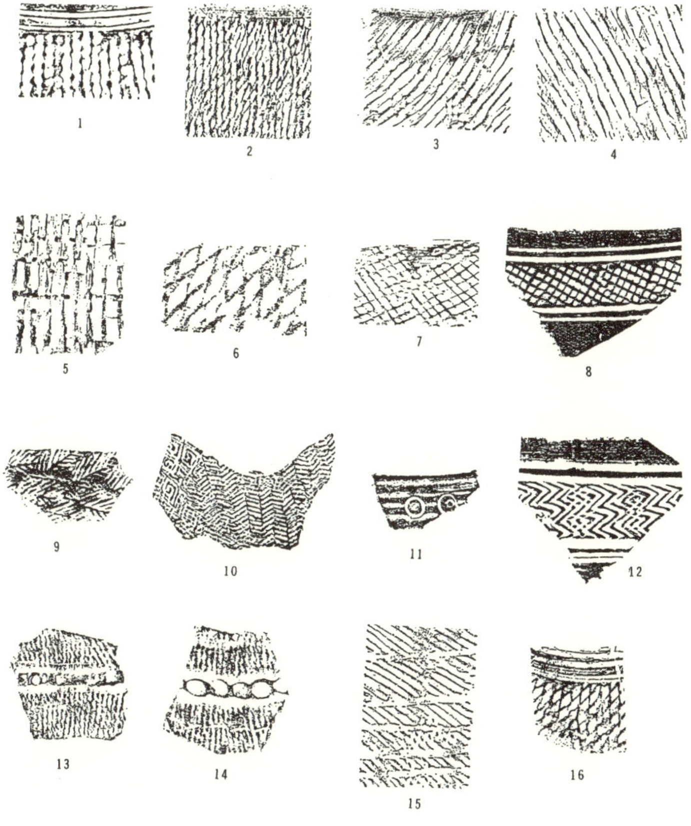

図 84　土器の紋様

1・2 縄紋、3・4 籃紋、5 ～ 8 方格紋、9・10 葉脈紋、11 円圏紋、12 折曲紋、13・14 附加堆紋、15・16 弦紋

円圏紋（えんけんもん）：竹などの円管を縦に押して付けた紋様。連続並列させる場合が多い（図84の11）。

折曲紋（せっきょくもん）：W・M字状あるいはZ字状の刻線紋（図84の12）。

附加堆紋（ふかたいもん）：器壁上に粘土紐を張り付け、粘土紐の上を器具あるいは指を用いて押圧した紋様。龍山文化土器の特徴を示す紋様でもある（図84の13・14）。

弦紋（げんもん）：横方向に刻まれた沈線。一般的に平行沈線を形成するものが多い（図84の15・16）。

暗紋（あんもん）：土器作成の過程で粘土がまだ半乾きの時に、先の丸い棒状の道具で、土器表面に圧力を加えながら押し描いた紋様。土器を焼成した後に描いた紋様が光沢をもってみえる。東周時代土器・陶器に事例が多い。

櫛目紋（くしめもん）：櫛状の施紋具によって施紋された紋様の総称。並行沈線紋・波状紋・列点紋など多種の紋様がある。

彩絵（さいかい）：泥質灰陶系や泥質紅陶系土器の表面に、白色・紅色・黒色などの顔料で彩色を施す紋様。加彩の名称で呼ばれることもある。東周時代の副葬陶器にみられる。

Ⅱ　参考文献

足立喜六『長安史跡の研究』(『東洋文庫論叢』第二十之一) 1933年

飯島武次「考古学の歴史・東アジア」(『新版考古学講座』第10巻) 雄山閣出版社) 1971年

〃　「日本周辺の旧石器文化・中国」『日本の旧石器文化』第4巻、雄山閣出版社、1976年

〃　『夏殷文化の考古学研究』山川出版社、1985年

〃　『中国新石器文化研究』山川出版社、1991年

〃　『中国周文化考古学研究』同成社、1998年

〃　『中国考古学概論』同成社、2003年

〃　『中国夏王朝考古学研究』同成社、2012年

大貫静夫『東北アジアの考古学』『世界の考古学』9、同成社、1998年

小澤正人・谷豊信・西江清高『中国の考古学』『世界の考古学』7、同成社、1999年

角道亮介『西周王朝とその青銅器』六一書房、2014年

加藤真二『中国北部の旧石器文化』同成社、2000年

黄暁芬『中国古代葬制の伝統と変革』勉誠出版、2000年

後藤健「古代中国の文字」『文字の考古学Ⅱ』同成社、2004年

湖南省博物館・中国科学院考古研究所 (関野雄他訳)『長沙馬王堆一号漢墓』平凡社、1976年

塩沢裕仁『後漢魏晋南北朝都城境域研究』雄山閣、2013年

冉万里『唐代金銀器文様の考古学的研究』雄山閣、2007年

中国科学院考古研究所 (杉村勇造訳)『新中国の考古収穫』美術出版社、1963年

中国社会科学院考古研究所 (関野雄監訳)『新中国の考古学』平凡社、1988年

白雲翔 (佐々木正治訳)『中国古代の鉄器研究』同成社、2009年

林巳奈夫『中国古代の生活史』吉川弘文館、1992年

〃　『中国文明の誕生』吉川弘文館、1995 年
樋口隆康『北京原人から銅器まで』新潮社、1969 年
文物編輯委員会（関野雄監訳）『中国考古学三十年　1949 ～ 1979』平凡社、1981 年
羅宗真（中村圭爾・室山留美子訳）『古代江南の考古学---倭の五王時代の江南世界』白帝社、2005 年
劉慶柱・李毓芳（来村多加史訳）『前漢皇帝陵の研究』学生社、1991 年

＜挿図に図を引用した中国語文献＞
王巍總主編『中国考古学大辞典』上海辞書出版社、2014 年
郭沫若主編・中国社会科学院歴史研究所編『甲骨文合集』第 1 ～ 13 冊、中華書局、1977 ～ 1982 年
河南省博物館新鄭工作站・新鄭県文化館「河南新鄭鄭韓故城的鉆探和試掘」『文物資料叢刊』3、1980 年
河南省文物考古研究所『曹操高陵考古発現与研究』文物出版社、2010 年
河北省文化局文物工作隊「河北易県燕下都故城勘察和試掘」『考古学報』1965 年第 1 期、1965 年
群力「臨淄齊国故城勘探紀要」『文物』1972 年第 5 期、1972 年
考古研究所洛陽発掘隊「洛陽澗濱東周城址発掘報告」『考古学報』1959 年第 2 期、1959 年
広州市文物管理委員会・中国社会科学院考古研究所・広東省博物館『西漢南越王墓』『中国田野考古報告集』考古学専刊丁種第四十三号、1991 年
湖南省博物館・中国科学院考古研究所『長沙馬王堆一号漢墓』文物出版社、1973 年
宿白「北魏洛陽城和北卬陵墓---鮮卑遺迹輯録之三」『文物』1978 年第 7 期、1978 年
大同市博物館・山西省文物工作委員会「大同方山北魏永固陵」『文物』1978 年第 7 期、1978 年

大葆台漢墓発掘組・中国社会科学院考古研究所『北京大葆台漢墓』『中国田野考古報告集』考古学専刊丁種第三十五号、1989 年
中国科学院考古研究所『輝県発掘報告』『中国田野考古報告集』第一号、1956 年
中国社会科学院考古研究所『新中国的考古発現和研究』『考古学専刊』甲種第十七号、1984 年
中国社会科学院考古研究所『偃師二里頭　1959 年～ 1978 年考古発掘報告』『中国田野考古報告集』考古学専刊丁種第五十九号、1999 年
中国社会科学院考古研究所『中国考古学　夏商巻』『考古学専刊』甲種第二十九号 2003 年
中国社会科学院考古研究所『中国考古学　新石器時代巻』『考古学専刊』甲種第三十一号、2010 年
中国社会科学院考古研究所『中国考古学　秦漢巻』『考古学専刊』甲種第三十二号、2010 年
中国社会科学院考古研究所『偃師商城（第一巻)』科学出版社、2013 年
中国社会科学院考古研究所・河北省文物管理處『満城漢墓発掘報告』『中国田野考古報告集』考古学専刊丁種第二十号、1980 年
中国社会科学院考古研究所西安唐城工作隊「唐大明宮含元殿遺址 1995 ～ 1996 年発掘報告」『考古学報』1997 年第 3 期、1997 年
北京大学考古学系・山西省考古研究所「天馬 - 曲村遺址北趙晋侯墓地第二次発掘」『文物』1994 年第 1 期、1994 年

あとがき

「まえがき」でも触れた2003年に同成社から出版した『中国考古学概論』は500頁を超える大著で、専門的かつ価格も高額であり、学生や一般読者に購入をすすめるのはいささかためらわれる本であった。取り扱った時代も旧石器時代から漢代までで、考古学の対象となるべき魏晋南北朝時代・隋唐時代は含まれず、「概論」としては不十分との思いもあり、いつか旧石器時代から隋唐時代にまでいたる、教科書として学生の購入できるような価格の概説書を書きたいとの思いを、以来10年近く持ちつづけてき。たまたま昨年5月の日本中国考古学会関東部会後の夕食会で、何人かの仲間からコンパクトにまとまった中国考古学の概説的な本の執筆をそそのかされた。渡りに舟というか、すっかりその気になって早速本書の原稿に取りかかったのであった。

34年間にわたり駒澤大学において『中国考古学概論』の授業を担当し、毎年、旧石器時代から秦漢時代で講義が終わってしまうのが常であったが、講義ノートは隋唐時代まで用意はしてあった。それを講義に使用することはなかったが、今回の執筆にあたり下書きはすべて揃っているからさほど苦労はすまい、との思いはあった。だが、出版社からページ数に厳しく注文をつけられた入門書の執筆は、さほど生易しいものではなかった。まず取り上げたい遺跡・遺物は無数にあり、いずれを切り捨てるかが最大の難問であった。取り上げた遺跡・遺物にしても少し詳しい説明に踏み込めば、たちどころに全体の分量は予定頁数をはるかに超えてしまう。結局のところ、苦渋の選択を重ね、私が最も代表的と考える遺跡・遺物にしぼって必要最小限の説明に終わらせざるをえず、一般向けの本を書くことの難しさを痛感した次第である。

私の苦心談はさておき、本書執筆のそもそもの動機は、考古学を学ぶ学生たちに中国考古学へのしかるべき手引き書を提供したい、との思いであった。そうした意味で、これから中国の考古学に手を染めようとする、あるいはすでに学び始めている学生諸君に、先輩としていくつか忠言を述べておきたい。

まず、中国考古学を研究するに当たって問題になるのは言語の問題である。かつては中国の発掘報告書を読むだけですんだ時代もあったが、今日においては、中国考古学を研究することは中国の遺跡を踏査し、中国の遺跡発掘に参加することを意味し、したがって中国語会話を学ぶことは不可欠である。中国考古学研究の入り口の問題として、中国語学習の必要性を力説しておく。次に、青銅器時代以後の中国考古学を研究するに当たっては中国古典の素養が欠かせない。甲骨文・金文・簡牘等の知識も求められる。外国人である日本人が中国の研究者と同等に中国の野外考古学を実践することは、外交制度的にも、経済的にも、時間的にも難しい。だが、中国古典や甲骨文・金文に対しては、学習方法しだいで中国の研究者と同等に研究を進めることも可能である。日本人にとって限られた野外考古学の機会と発掘経験の不足を補う意味でも中国古典の知識を深めておく必要性も力説しておきたい。これらの学習によって、古典考古学（夏殷時代から隋唐の考古学）の分野において考古学研究の醍醐味を充分に味わうことができるはずである。

最後になって学生諸君への苦言を口にしてしまった。本書の出版にあたってさまざまな労を引き受けてくださった同成社の山脇洋亮氏、佐藤涼子氏ほか皆様に心からのお礼を申し上げる。

2015年6月

飯島武次

中国《ちゅうごく》考《こう》古《こ》学《がく》のてびき

■著者紹介■

飯島 武次（いいじま たけつぐ）

1943年　東京に生まれる
1966年　駒澤大学文学部地理歴史学科卒業
1972年　東京大学大学院人文科学研究科博士課程満期退学
　　　　東京大学助手、駒澤大学専任講師を経て
1994年～2014年　駒澤大学文学部教授
現　在　駒澤大学名誉教授
主要著書　『夏殷文化の考古学研究』（山川出版社、1985年）『中国新石器文化研究』（山川出版社、1991年）『中国周文化考古学研究』（同成社、1998年）『中国考古学概論』（同成社、2003年）『中国夏王朝考古学研究』（同成社、2012年）ほか

2015年 7 月30日発行

著　者　飯　島　武　次
発行者　山　脇　洋　亮
組　版　㈱富士デザイン
印　刷　モリモト印刷㈱
製　本　協　栄　製　本　㈱

発行所　東京都千代田区飯田橋4－4－8
　　　　(〒102-0072)　東京中央ビル内　㈱同 成 社
　　　　TEL　03-3239-1467　振替00140-0-20618

ISBN978-4-88621-706-6 C1022